Lach- und Torfgeschichten
Dit un Dat ut Düwelsmoor

Jan Brünjes
foken ok Jan vom Moor nennt, is 1952 in Osterholz-Scharmbeck gebor'n un in Düwelsmoor op den Buernhoff von sien Ollern an de lüttje Reeg opwussen. Mit dat genügsome Leven un de harte Arbeit op den lüttjen Hoff un in'n Torfmoor in de 50iger Johrn is he groot worn. Plattdüütsch hett he al Tiet snakt un pleegt, dat is jo eene ole, eegene un grootortige Sprook. Se is nu sien Leven lang bi Jan, jüst so at de Verbunnenheit toon Düwelsmoor.

2006 grünn he den Verein Dorf Teufelsmoor e.V., 2010 wor gemeensom een Buerntorfsteek nee inricht, dichtbi loter een grootet Hotel for wille Immen opstellt un de Dorpschool opwennig saniert toon »Lütten Huus in'n Moor« utboot um de Geschichte, Tradition und Kultur in de Ortschaft Düwelsmoor to wiesen. Führungen, Vordräge, Musik un Lesungen sind in'n Angebot.

For dat Vereensblatt hett Jan regelmäßig Bidräge un plattdüütsche Geschichten schreven, in'n Januar 2012 schrifft he toon eersten Mol for den Heimat Rundblick ut Lilienthal in de Utgoov Nr. 100 un fangt mit de »Lach- und Torfgeschichten« eene Serie an. Bit hüüte, to de Utgoov Nr. 146 in'n Harvst 2023, hollt de Serie an.

Jan vertellt over ok gern siene Döntjes bi Privot-, Vereens- oder Adventsfiern oder he leest vor ut siene plattdüütsche Bökersammlung un siene Themenmappen mit eegene oder oversette Geschichten un Gedichte. In'n Sommer 2020 kööm eene fantastische Obgoov dorto. Jan oversett de »Düwelsmoor Saga«, den Roman »De Rode Gerd« in de plattdüütsche Sprook, wie se in'n Düwelsmoor snakt word.

Bie dat Oversetten wiest sik de wunnerboren Anpassungsfähigkeiten von dat Plattdüütsche. Disse ole un besonnere Sprook is un blifft lebendig!

Jan Brünjes

Lach- und Torfgeschichten

Dit un Dat ut Düwelsmoor

Edition Falkenberg

Wir bedanken uns bei der Druckerpresse-Verlag UG in Lilienthal für die Genehmigung der in der Broschüre »Heimat-Rundblick« in den Jahren 2012 bis 2023 erschienenen Texte von Jan Brünjes.

Bildnachweis:
Titelabbildung: Maren Arndt

Autorenfoto S. 2: die Foto-Scheune, Kirchenstr. 24, Osterholz-Scharmbeck, www.fotoscheune.de

1. Auflage 2024

ISBN 978-3-95494-324-1
www.edition-falkenberg.de

Inhalt

Natten Torf mutt jümmer no boben 9
To Besök in de ole Heimat 10
Kunst 13
De Wiehnachtsgrog 16
Wie kummt so een Sandhopen mitten
in us Weid bien »Breden Woter«? 20
Trino un Jan geiht een Licht up 23
»Trudje« – een tierische Vogelgeschichte 26
Dannenboom is Dannenboom 30
Schietweer to Ostern 36
Als Reithdachdecker bie »Jupp« in
Kommern 41
Vadders gode Scheer un Winnetou 44
Danz up de Deel bie Jan Schoster 50
Jan sien ersten Johr'n in de ne'e School
in Dorp Düwelsmoor 54
Neu entdeckt am Steinhuder Meer:
Der Knabe im Moor 59

»De Jung in'n Moor« 62
De Lanzbulldog, swatte Kerls un Wiehnachten 64
Fröhstück up'n Torfwerk 68
Een halben Liter Beer, obern beten flott! 71
»Jan von Moor« un de Düwel 74
Striedschoh to Wiehnachten 80
De unklooke Düwel un de plietsche Moorbuer 86
Eeten un Drinken holt Liev un Seel tohoop 89
Lüttje Jan un de Football 94
In'n Sneestorm 97
Een Priem helpt jümmer 102
De Tied no Wiehnachten 105
De ole un de nee Torfkant in Düwelsmoor 109
Een Swulk mokt noch keenen Sommer! 115
Dat weer eenmal 120
De Bremer Stadtmusikanten 121
Wie koomt een lüttjen »Määrkenwald« un dicke »Hinkelsteen« in de Hammeweiden? 128

Rhabarberries mit Vanilljesosse is een leckeret Sommereten – oder am Enn doch nich? 133
Kortuffelferien un Scharmker Harvstmarkt 137
Melkkontrolle rund um Weyerbarg 143
Heimatfunk, de ne'e Kiekkasten, Schatzinsel un Fernweh! 149
Wintervergnögen, kole Been un natten Mors 154

To’n Andenken an mienen
Grootvadder Johann Friedrich
Brünjes, gebor’n an’n 23.8.1895
un storben an’n 9.8.1977.

Mien Opa weer Torfbuer,
een »Jan vom Moor«,
mit sien egen Torfschipp in’n
Dorp Düwelsmoor.

Natten Torf mutt jümmer no boben

Disse Torfgeschichte hett sik so um 1932 bi us in Düwelsmoor todrogen. De Hauptpersonen wören dorbi mien Vadder »Hinni«, 13 Johr olt, un siene beiden jüngeren Swestern Gerda un Frieda.

At de School ut weer un se to Middag eten harr'n, schick eer Vadder Jan se al dree in't Moor no de Kuhlen mit den witten Torf. Dat weer in'n August, de Sommer weer bannig hitt, un alles weer knokendröög. Bloot's unnen in de Torfkuhl'n stünn noch een beten Woter. De dree Swesterkinner setten nu den witten Torf ut den Wall in grote Torfstuuken.

Dor schull he bit toon Aftransport noh Huus noch ornlich nodrögen. Dorum woorn de unnersten noch natten Torfsoden ut den Wall jümmer ganz boben op den Stuuken packt. Dat weer in dissen knokendröögen Sommer nich möglich. Dat geef keenen natten Torf!

Over »Hinni« wuss sik to helpen. Dat weer all düster at de dree Kinner ut dat Torfmoor woller to Huus angedudelt kömen. Mama Line un Papa Jan weern all düchtig in Sorge un schimpten.

»Wo koomt ji Rummdrievers so loot denn noch her?«, froog eer Vadder Jan. De lüttje Frieda keek emm ganz plietsch an un meen: »Hinni hett unnen in'ne Kuhlen den Torf natt mokt un wi hebbt emm boben ruppleggt. Natten Torf mutt jo jümmer no boben! Un dat hett so lang duurt.«

So weer dat domols, de Kinner ut Düwelsmoor hebbt eere Opgoven ernst nomen.

To Besök in de ole Heimat

Tante Ahlheid un Onkel Dierk in Düwelsmoor harr'n hogen Besök ut Ameriko von eer'n Neffen Jan, denn olsten Jung von Dierk sien Broder Marten. Jan wör 10 Johr olt, att Marten mett de Fomilie 1922 von Bremerhoben mit een groten Damper in de nee' Welt no Minnesota utwannert is. Inn Moor harrn se keen Hoff un keen Arbeit funnen.

Mett veel harte Arbeit un uck »Good Luck« harrn se dor eer egene Farm upboot un jemm güng datt düchtig goot. Ut denn lüttjen Jan von Moor wör John, een

40jährigen »Amerikoner« mett breden Stetsonhoot, Blue Jeans un spitze Steebeln wor'n. He snak nu amerikonisch un datt ole »Plattdütsch« wull emm nich mehr so ober de Tung. He wull jemm nu al de moderne Tied biebringen, uck sien Tante Ahlheid un Onkel Dierk in Düwelsmoor up eer'n lüttjen Buernhoff.

Dor güng datt no denn tweeten Krieg noch nich so komfortabel woller to. Ober langsom köm datt »Wirtschaftswunner« in Swung. Se moken veel Torf toon Vorkoop no Bremen, se harrn eer Swien un Beester un dormett eer Utkomen. Ober denn Besök von Martien sien »John« freuen se sick düchtig. Bloot mett datt Snaken klapp datt noch nich so richtig woller. John radebrechte jümmer so half amerikonisch un platt mett jemm, upwoll he mett 10 Johr bloot platt snakt harr.

Tante Ahlheid kunn datt gornich vorstohn, se segt to Dierk: »Kann us lüttje Jan denn gornich woller to sick komen un ornlich mett us snaken?«

»Datt wöt wie mol sehn«, meen Dierk. He gung mit John in'n Kohstall up de grote

Deel. John wull emm düchtig helpen bie'n Hauvorgeben. In Minnesota harrn se jo all veel Moschienen, ober hier in'n Moor wor noch mett Forken un Harken de Arbeit mokt. An'n Stallbohm lehn de holten Hark, vorkehrt rumm, mett de Tinnen no vorn. »Hee, Dierk, wott is diss Ding?«, frog John. He pedd no vorn up de Tinnen.

»Bomm's«, de Harkensteel knall emm an denn Kopp un sien Stetson segel ober de Deel.

»Du vordreihte Hark«, schimp John, sien rechtet Oog wor grön un blau.

Onkel Dierk stünd twüschen de Beester un kunn sick vor luter Lachen nich helpen: »Och, mien leebe Jan, du kennst jo doch noch us ole holten Hark, Ahlheid un ick heppt all dacht, du harr's dien plattdütsche Moodersprak un de Heimat in Düwelsmoor bi all datt gode Leben in Minnesota vorgeten. Ick denk ober, bi die is doch noch watt to retten. Tante Ahlheid schall die erstmol een Umslag mett kole Bottermelk um dien Kopp moken.«

Jan »John« hett sick gau woller vorholt un is noch gern twee Weeken bi Ahlheid un Dierk up'n Hoff in Düwelsmoor bleben. Se heppt bloot noch »Platt« snakt, Jan wuss jo soveel to vortellen von datt moderne Leben in de »United States« un eer grote Farm in Minnesota. Datt wör nich sien letzten Besök in de ole Heimat un in Ameriko snakt se uck jümmer noch plattdütsch, wenn se ünner sick sünd.

Up eer Farm sitt se no Fierobend gern tohoop up de grote Veranda un klönt. An de Wand hangt een ole holten Hark ut Düwelsmoor. Mehr Heimat gifft doch nich!

Kunst

Disse plattdütsche Döntje speelt an de lüttje Reeg in Dorp Düwelsmoor in »Jan Schoster« sien Gaststuv. Datt Bild wies't Johann Tietjen »Jan Schoster« sien Reithdackhuus. Denn »Schützenhof« het sien Dochter Alma Lütjen bitt to'n End von de 90iger Johren bewirtschaft. De Gaststuv weer achter de Sietdöör in'n Huus, vorn weer en groden Sool un de lüttje Deel.

In all de Johr'n hebbt up denn Sool un uck buten jegen Huus ünner de Eekböhm legendäre Schützenfest un grode Fier'n stattfunnen. Bitt 1956 güng bloot's een eenfachen Moorweg hierher un to de Nabershüser, dorno iss mett een Lorenbohn un veel Handarbeit de Sandweg upfört wor'n. De Klinkerstroot köm eer's loter un is 2006 upnomen un stabil utboot wor'n. 1998 is von Almas Jung Hans-Heinrich de vordere Hälfte un de Giebel afreten wor'n un he hett een ne'et Huus dorvo boot.

Up usen wackeligen Torfbodden sünd ettliche ole Buernhüser leider nich mehr to retten, denn mutt dor uck mol watt Ne'es her. De Stroot muss uck jo neet mokt weern, weil se totol vorsackt is. Wenn Torfmoor utdrögt, sackt datt tohop un kummt uck nich woller hoch, dor kannst noch so veel Woter rupp geten!

Een Weyerbarger Künstler, een von de ne'e Generation, harr sick in us Dorp Düwelsmoor vorlopen, nich tofällig, nee, he harr den ganzen Dag mett sien Staffelei ünner een Barkenboom seten un usen

Moorweg up sien Linnendook pinselt. Datt wör een feinet Bild worn, blot's so richtig watt up to kennen wör dor nich. Dat wör de ne'e Kunstrichtung.

Gegen Obend kreg us Künstler düchtig Hunger un Dorst. Bi »Jan Schoster« sien Gaststuv an de lüttje Reeg keer he in un leet sick ornlich wat to'n Eten geben. An denn groten runden Stammdisch seten Jan von Moor un sien Nober mett eenige Kumpels. Se drunken Beer un Mühlenkorn. Jan von Moor stell sick bi denn groden Künstler vor un nötig emm mett an denn Disch. De leet sick gern inloden, weill he dach, so billig kricht's jo keen Beer un Sluck woller. Dat güng ettliche Runden so, un se kömen düchtig in't vortellen.

Us Künstler wor jümmer kregeler un wull de eenfachen Dorpslü'e ober Kunst un Kultur upklären. To Jan meen he: »Herr von Moor, segt se mol, kennt se denn uck wat von Kunst?« Jan keek emm lang an un tööch an sien Piep: »So direktemang wol nich – –, Kunst?«

»Kunst jo mol een utgeben!«

De Wiehnachtsgrog

Heiligobend full in datt Johr up een Sonndag, datt kummt jo jümmer mol woller vor. De Sonndoge wören för Friedel, denn Grotknecht von Buer Tietjen in'n Dorp Düwelsmoor, ober jümmer heilig. Datt harr sien Grund, an'n Sonndag no'n Middag dröp he sick jümmer mit sien Kumpels, Willi denn Torfschipper un Früllerk denn Huusslachter, bi Schorse Scheepbuer in de Gaststuv an de Hammbrüch.

Uck an düssen Heiligobend, Sonndag is Sonndag! De dree Junggesellen seten inne Eck an denn runden Stammdisch un kloppen Skoot. 18 - 20 - bloot nich passen, datt güng richtig rund. In'n Sommer drunken se Beer, nu in'n Winter gevt Rumgrog. In de warme Stuv bi Schorse wör datt jo so kommodig. Buten wör Schietweer, datt harr düchtig Regen geben, de Moorwege sünnt deepnatt un smerig, de Groben bitt boben full Woter.

Klock half veer stell Schorse denn letzten Grog bi de dree Skotbröder up'n Disch: »Prost, mien Jungs, gliek is Fierobend!«

Friedel schipper no sien Buernhoff Tietjen an de Düwelsmoorstrot. He muss de Beester fo'ern un noch utmesten.

Emm wör von denn Grog ganz swiemelig un de Welt seech ut wie een bunten Wiehnachtsboom, de jümmer henn un her schaukel. Schorse harr bi den letzten Grog datt Woter vergeten.

Friedel klabaster mit sien Holschen datt dünne Brett no'n Messhopen hoch, ober he harr Dusel, güng alles god. Muss datt jo uck, he harr an düssen Heiligobend jo noch denn Wiehnachtsmann to spelen. Bi de Kinner Anni, Jan un Lisa von Buer Finken up'n Noberhoff schull he denn groten Sack mit Geschenke utpacken.

Friedel sus gau in sien Kommer an de Deel, treck de Blaujack un de Mochesterbox ut, un rinn in denn roden Mantel. Denn langen witten Bort um, de Pudelmutz up un fertig is de Wiehnachtsmann.

Mett denn groten Sack up'n Nacken pett he los. Bi Buer Finken muss he noch ober datt Stech von denn Grenzgroben. Ditt Stech wör dör datt hoge Woter upschwemmt.

Friedel pett dor rupp un güng af wie mett een Ontenjäger, datt kole Woter platsch emm ober de Pudelmutz. De Wiehnachtsmann leeg in'n Moorgroben, de grote Sack wör in'n hogen Bogen up't annere Öber flogen.

Klaus, de Jungknecht von Buer Finken, harr datt Spektokel mitkregen un töög sien Fründ Friedel ut datt kole Woter. Düsse pudelnatte Wiehnachtsmann harr sien Bescherung all achter sick! Nu wör Holland in Not! Klaus broch Friedel in sien Kommer un geev emm dröge Klomotten.

Nu wör de lüttje Klaus an de Reeg. In de grote Wohnstuv töben sien Buernfomilie Finken, un vor allen de dree Kinner, up denn Wiehnachtsmann. Klaus lööp no'n Groben un hol den groten Sack. In sien Schapp fund he de ole Nikolausmaske mit Bort un Troddelmutz. He treck sien grönen Lodenmantel un lange Stebeln an, so schull datt wol gon! Fertig wör Knecht Ruprecht, gau ober de Deel, noch een Riesbessen in de Hand un an de Stuvendöör gekloppt.

»Kommt rin, wennt keen Snieder is«, rööp Buer Finken. »Ho, ho, ho, ick mok ju alle froh, – sünd de Kinner uck artig wesen?« Knecht Ruprecht füll nichts beter's in, he weer opgeregt. De grote Sack mit de feinen Geschenke rett ober den Heiligobend un de besondere Situation. No de Bescherung wünsch Knecht Ruprecht noch gesegnete Wiehnachten un mok sick up'n Padd. »Puh! Datt wör just nochmol god gon.«

De Buer un sien Fro harrn all watt markt un lies to emm segt: »Wenn de Kinner no'n Bett sünd, komt man to us in de Stuv un bring denn annern Wiehnachtsmann ok mett.« Klaus lööp torüch in sien Kommer, Friedel leeg up'n Bett un snorch.

No een gode Stunn harren de beiden sick verholt un seten nu in'ne Wiehnachtsstuv. Fro Finken harr hitt Woter mokt, datt gev Grog. In Friedel sien Kopp sungen jümmer noch de Engel: »Söter de Glocken nich bimmelt at to de Wiehnachtstiet«. All weer'n se an vertellen un lachen düchtig ober sien Molleur. Friedel harr een groten Pott Fliederbeergrog vor sick stoon. »Denn drink man erstmol ut«, segt Fro Finken, »Rum sitt dor von hütnomdag noch genog bi di in«. »Stille Nacht, heilige Nacht«, watt wör datt doch gemütlich!

Ober de Bescherung hebbt se noch lang lacht in'n Dorp Düwelsmoor.

Wie kummt so een Sandhopen mitten in us Weid bien »Breden Woter«?

Datt iss jo een putzige Froog, nich wohr! Ober de Reeg no will ick se nu vortellen un upklorn. Wie hebbt dütt Johr in'n Januar un Februar jo uck woller so een hatte, düstere un smuddelige Wintertiet mett veel Regen achter us broch. De Hamm un de Beek wören bordkant full, de Wischen un Weiden güngen in'n Woter ünner. Alln's wör blank un een grode Woterwüste.

In de fröhen Johr'n iss datt meist jeden Winter posseert. Von 1950 bitt in de 70iger Johr'n harrn wie een Stück Weideland von 16 Morgen an de Hamm bien »Breden Woter« topacht. Dor moken wie Hau, un dorno grosen wie dor us Jungbeester.

Ass lüttje Bengel bünn ick dor all jümmer gern mett Opa un Vadder henföhrt un hebb jemm bie de Arbeit hulpen. Ick wett datt noch, eenmol in'n Förjohr löpen wie dör de erste Weid, un dor in de Mitt weer so een platten Bulten ut Sand. Opa wies mie düssen Bulten, de weer man bloot's son por Meter groot, un frog mie: »Watt meenst du wol, wie kummt de Bulten hierher, datt gifft doch gor keen Sand an'n ‚Breden Woter'?« Ick muss lang nodenken un segg: »Hebbt jie den mett een Ackerwoggen hierher föhrt?« Ober worum mitten in'ne Weid?

Opa grien un smuster: »Dor kummst du nich up mien Jung, ober ick will die datt vortellen. Fröhere Johr'n in'n Winter, wenn all de Weiden ünner Woter weern, hebbt wie mett us Torfscheep Sand von de Geest un von Weyerbarg holt. De Sand weer too'n Huusboo'n, up de Wege un de Huussteer'n ganz wichtig un kostbor. So weer'n wie Moorbuer'n all mett us Torfscheep ünnerwegs un holen Sand wenn ›Land ünner‹ weer. De Torfscheep woren jümmer düchtig full load, datt schull jo watt bringen.

Nu kööm datt bi rusigen Wind un Wellenslag foken mol for, datt Woter över Bord slög. Datt bruuk nich veel, un de Kohn sööp af. So mussen wie Jan von Moor's us Schipp mett Sand in de Weid lingen loten bitt datt Woter in Föhrjohr woller aflopen weer. Denn muss de Sand in'ne Weid schuppt weer'n, un wie kunnen denn Kohn in'n Groben na Huus schippern. Een Sauarbeit! Süst du wol mien Jung, un dorum finn'st du hier mennigmol mitten in de Hammwischen eenfach so een Bulten Sand!

De Weyerbarg iss uck so een Sandbulten, datt schall domols een grotet Segelschipp wesen sien.« Opa keek mie an un lach luut: »Glööf datt nich, datt weer'n Döntje!« An düsse lüttje Begebenheit mit Opa muss ick vondog denken, ass ick bi us in Düwelsmoor ober de Hammbrügg föhrt bin. De Weiden ween woller grön un de lüttjen Sandbulten liegt dor jümmer noch.

Trino un Jan geiht een Licht up

An ee'n luurigwarmen Sommerobend weer Jan vom Moor sien Fro Trino noch in'ne Waschköök bien Afwasch an' Gootensteen togang. Buten ünner de Eek- un Appelbööm wört all schummerig worn, Nebel töög ober de Moorweiden.

Trino keek ganz vorwundert ut datt Fenster, eer wör een beten gruselig toweeg. Een geelwittet Licht danz dor ünner de Bööm jümmer hen un her um eer lüttjet Moorhuus umto. Se nöhm sick eer'n groten, holten Kortuffelstammper in de Han'n, datt wor eer doch to bunt dor buten jegen Huus. Woller danz un hops datt geele Licht an'n Fenster vorbie. Trino sleek sick dör de Sietendör na buten un tööf up de helle »Erleuchtung«. Angst kenn se nicht un se dach bie sick: »Ick kann ober jo uck gau lopen, un de Kortuffelstammper iss uck nich to vorachten!«

Datt grelle Licht kööm woller um de Huuseck flackern un jümmer nöger, een swatten Kerl mett grote Mutz un flatternde Blaujack klapper in Holschen up us arme, zitterige Trino to. Se rööp in eer grote Not: »Blief stoon, wer büst du un watt sochst du hier?«

De swatte Kerl stünd vor eer un hölt de helle Petroleumlampen hoch: »Trino, mien leebe Trino, ick bünn datt doch, dien Jan! Un watt ick hier soch hebb, datt hebb ick nu all funnen, dien Stimmen mien leebe Trino, dien söte Stimmen.«

Trino muss sluken un keek ganz dösig ut: »Jan von Moor, du Donnerslag, die fallt doch jümmer woller watt in um mie ut de Reserve to kriegen.« De beiden mussen luut lachen un foten sick um.

Disse drollige Vorfall harr jo een Vorgeschichte un mutt noch een beten upklort weer'n. Jan un Trino weer'n jümmer een Hart un Seel, bloots wenn de Düwel bi Jan in'n Nacken sprung un emm düchtig Beer un Brannwien to sluken geef, denn wor sien Trino beestig un gnatterig.

Se harr mol slechte Erfohrung dormit mokt un sech jümmer: »De Düwel hett denn Schnaps mokt um us to verdarben!« Up een Sylvesterfier harr'n se eer mol so veel Röbensluck intarrt, datt se dree Dog dorvon krank weer. Nu kunn se dor nich mehr so ankomen. Eer Jan harr sien eeg'ne Meenung: »Alkohol mutt vornicht weer'n, am besten geiht datt dör Utsupen!« Datt geef jo jümmer mol Gelegenheiten dorto, ober Jan oberdreef datt uck nicht.

Letzte Week harr Jan sick »tofällig« mit sien Kumpels in de Gaststuv an'ne Hammbrüüg dropen. Se harrn düchtig Torf in Bremen un Osterholt vorkoft un gode Geschäfte mokt. Datt harrn se an denn Obend mett Beer un Möhlenkorn fiert.

Loot in'ne Nacht, mett luten Gesang un ee'n gewaltigen Oberpetter kööm Jan bi sien Trino anschippern. Se hett emm Hals ober Kopp in'ne Butzen befördert un de Dören tosmeten. Seit disse Nacht weer Ruhe twüschen Trino un eeren Jan. Trino harr eer Stimmen vorloren.

Bitt to dissen lauen Sommerobend. Jan harr mett sien Petroleumslampen Trino's Stimmen woller utfindig mokt. Up so'n Idee musst jo uck erstmol komen. Nu weer datt all woller in't Lot un de beiden hebbt sick ober dissen Obend noch lang amüseert.

»Trudje« – een tierische Vogelgeschichte

Drööf eck mi bekanntmoken? Eck heet Trudje un bin een, so seggt Bine un Jan datt, prachtvulle, witte un geelbruune Sleieruul.

In eer ole Buernhus an de lüttje Reeg in'n Dorp Düwelsmoor wohn eck up den groten Hauböön. Vor eenige Johr'n is datt Dack neet mookt worn, domols hett mien Husherr Jan sülvst een grotet Uulenlock in datt Dreeeck ünner de Peerköpp utsoogt.

Unnen in us Hus leevt mien beiden Husherrschaften, de heet mit Nomen Sabine un Jan. Jan hett mie in'n letzten Johr mienen Nomen »Trudje« geben.

De Geschichte dorto mutt eck ju nu gau vortellen. Wenn eck doran denk, denn lopp mie datt jümmers noch iskolt ober de Feddern. Datt posseer vor een Johr in de Tied, de mien Husherren Advent oder Wiehnachten nöömt. Se doot denn allerlei putzige Sooken un sünt gräsig veel unnerwegs. Toon Bispill sleept se veele bunte Kortons int Hus un holt sick lüttje Dannenbööm ut de Schonung. Wenn datt düster word, hebbt se veele helle Lichter ann Hus un in de lüttjen Bööm.

Datt sütt jo fein ut, eck mach ober leeber wenn datt düster is. Loot in de Nacht kööm eck trüch von mien Beuteflug. Eenige Müüs wörn mien Obenbrot wesen. Dör datt Uulenlock suus eck ob den Hauböön. Bomms, rumms, düster! Eck knall gegen een Dackpapp un weer benaut un benüsselt. Nu rassel eck jümmer deeper no unnen twüschen de Sporren un Dacklatten.

Boben ann Sparren harr sick een von de Platten lööst, un eck suus no unnen in datt enge, düstere Kaschott. Eck kunn nich no vorn un nich torüch. Inspeert weer eck, dor kööm eck so nich woller ruut.

Ganz lies wör datt un eck kunn mie nich rögen. Angst, Angst, un nochmol Angst hebb eck in disse Nacht utstoon.

Annern Morgen hör eck miene Husherren unnen op de Deel romentern un snacken. Wie dull un unkloog hebb eck mett mien Flunken kratzt un schuppert, datt weer een heel Specktokel. Jümmer un jümmer woller, bitt eck nich mehr kunn.

Eck hör, wie Jan to sien Sabine seggt: »Dor up de Hilln ünnern Dack, dor sitt doch watt fast, eck glöf datt is wol een Katt!« Nu mööt wie ober gau los toon Inköpen, anners hebbt wie upn Heiligobend nix to eten. Een Wiehnachtsboom mööt wie uck noch holen, so loot wörn wie jo noch nie dran. Eck kiek dor noher noch mol op de Hilln.

De Deelendör klapp to, datt Auto brumm un weg wörn se. Datt wört! Eck hebb mien Ogen dicht mookt, eck kunn mie nich mehr rögen, mien Enn wör besiegelt. Miene beiden Husherren harrn doch bloots eer Wiehnachten inn Kopp. De Tied wer lang, oon Enn. De Deeldör klappt, de beiden snacken unnen op de Deel, se weern woller dor. Mett mien letzte Kraft flatter eck um mien Leben.

Direktemang vor mie fangt datt an to brummen un to sogen. Jan wör dor un reet de Platten no Sied. He lücht mett een helle Lampen. Eck blinker mett mien groten Ogen in dat helle Licht un mutt utseen hebben att een Koh wenn datt donnert un blitzt.

Twee grote, warme Han'n holen mie ut mien enge Kaschott un setten mie op een Hauballen. Mett grote Ogen hebbt wie us ankeken. »Du bist mie jo eene, Trudje, wie bist du dor denn rinkomen?«, seggt Jan. Ganz langsam hebb eck mien breden Kopp hen un herdreit un mien Flunken bewegt. »Trudje, du hest nu jümmer to Wiehnachten Geburtsdag«, meen Jan.

Eck keek em dankbor an un dach ober Wiehnachten no, dor harr eck mie jo noch nie um kümmert. Bloot wenn du nich vor un trüch mehr kannst un denkst, nu is alls toon Enn, un denn kummt een hellet Licht un warme Han'n! Eck kunn woller datt Uulenlock seen. So watt, datt mutt Wiehnachten wesen! Jan meen: »So, Trudje, nu fleeg man woller los.« Eck flatter hoch toon Uulenlock, keek in't Licht un schweef no buten in de Freeheit.

Bitt ton Obend hebb eck mie in een von de groten Eeken sett un mie vorholt. Bien Düsterweern schweef eck ganz lies ober datt Düwelsmoor. Oberall in de Fenstern wörn de lüttjen Bööm mett de hellen Lichter to seen. Datt weer een ganz egenortige un liese Stimmung. Nu much eck op eenmol uck all de veelen Lichter. Datt wör Heiligobend, wie Jan seggt harr.

Up den Husdamm vorpetten Bine un Jan sick nochmol de Been. Eck schweef een pormool ober jemm henweg. Se winkten un lachten: »Alles Gode, Trudje, schöne Wiehnachten!« Eck wohn jümmer noch bi de beiden, un datt is all bald woller Wiehnachten.

Dannenboom is Dannenboom

Die nachfolgende plattdeutsche Geschichte erzählt eine weihnachtliche Anekdote aus meiner Jugendzeit im Dorf Teufelsmoor.

Ich bin 1952 in Osterholz- Scharmbeck geboren und in Teufelsmoor auf dem elterlichen Bauernhof an der kleinen Reihe aufgewachsen. 1956 wurde der einfache Feldweg, der im Winter oft nicht befahrbar war, von der Klinkerstraße im Dorf bis zu den Höfen im Moor mit Sand aufgefahren. Mit einer Lorenbahn auf Gleisen wurde der Sand von der Teufelsmoorstraße ins Moor gebracht. Mein Opa ist damals durch unsere Weide mit mir dorthin gegangen und hat mir die Bahn und den Sandweg gezeigt, daran erinnere ich mich noch gut. Der Sandweg endete im sogenannten »Hüddel«, einer Ansiedlung von Bauernhöfen und kleinen, einfachen Häuslings- oder Torfarbeiterhäusern, dicht an der Grenze zum Torfwerk am Günnemoor.

Auf dem Betriebsgelände des Torfwerks gab es außer den Hallen, Werkstätten und Büro auch noch etliche etwas zurückgelegene hölzerne Wohnbaracken für Torfarbeiter mit ihren Familien. Dies waren zum größten Teil Kriegsflüchtlinge, die dort Unterkunft und Arbeit gefunden hatten.

Auf der anderen Seite des Betriebsgeländes in Richtung zur Teufelsmoorstraße befand sich eine Gärtnerei, die zum Torfwerk gehörte. Der Leiter der Gärtnerei hieß Hermann Brandt und sein Sohn Ulrich, genannt Ulli, war mein Kumpel und Spielkamerad. Wir waren fast gleich alt und besuchten die Dorfschule in Teufelsmoor. Bei Brandts in der Gärtnerei und beim Torfwerk war immer viel los, deshalb war ich oft dort und bin mit Ulli auf Entdeckungstour gegangen.

Dazu kann ich noch einige Begebenheiten und Geschichten aufschreiben, es sind noch ein paar drollige Sachen passiert. Jetzt beginne ich erst einmal mit der Tannenbaumgeschichte, und wie sich das für mich gehört natürlich plattdeutsch.

De Geschichte hätt sick todrogen in datt Johr 1964 un speelt in de lüttje Reeg un in de Gärtnere up'n Torfwerk in'n Dorp Düwelsmoor. Eck wör domols 12 Johr olt un leev mit Mudder, Vadder, Oma un Opa un mien Swester upp usen lüttjen Buernhoff.

Us Buernhoff wör noch so wie man sick datt in de olen Geschichten vorstellt. Mit twee Peer, Keu'e un Kalber, Swien, Höhner un Hohn, Katten un Hund. Datt geev jümmer veel Arbeit, ober mett alle Mann weer dat goot to schaffen.

In de Wintertied weer datt ruhiger un kommodiger. An'n schönsten weert to Wiehnachten. Wie Kinner harr'n to Nikolauslopen Kekse, Appels, Appelsinen un Nööt insammelt.

Twee Doog vor Wiehnachten kööm eck toon Middag ut de School. Bien Middageten frog Vadder mi, upp eck ditt Johr den Wiehnachtsboom utsöken un holen wull. Datt freu mi düchtig un eck heff foor'ns toseggt. Noo'n Middag bin eck lospeddt dör't Moor no de Gärtneree von Hermann Brandt up'n Torfwerk.

»Onkel Brandt« sien Jüngster weer in mien Oller un mien Speelkamerod. Wi beide kennen jede Eck up'n Torfwerk un in de Gärtneree. Vorstecken speeln, Räuber un Schandarm, Indioner un Cowboys un Höhlen bo'en, datt weer watt vor us Jungs. Appels un Höhnereier »besorgen« un uck all mol een Piep smöken, kööm dor mol bi vor.

Eck kööm bie de Gärtneree an: »Goden Dag, Onkel Brandt! Is Ulli wol dor, eck schall een Dannenboom utsöken, un he kunn mi dorbie helpen.« Ulli weer nich dor. He weer mit sien Mudder Käthe no de Stadt föhrt.

Onkel Brandt geef mi een lüttje Soog un schick mi in de Dannen. »Söök di man eenen feinen Boom ut un denn kumm'st woller no mi her.« Eck stünnt nu mitten twüschen all de Dannen. Datt weer'n grote, lüttje, lieke, krumme un scheeve, dicke un dünne Dannen, ober jo nix dorbi vor mi.

Eck bünn twee Stunnen krüz un twars dör de Schonung krabbelt, ober nix to finnen watt mi toseggt harr. Een ganz besonners feinen Boom wol eck mett no Huus bringen.

Vor allen Dingen muss he stabile Twiege hebben, weil Vadder jümmer de Kerzen fastmoken dönt. Von wegen »alles liek« un de Brandgefohr. He schimp mett mi, wenn eck mett so eenen spiddeligen »Slackerdarm« von Dannenboom no Huus koom.

Eck kööm up de annere Siet ut de Schonung, un dor weer noch een lüttjet Feld mett besonners feine Dannen. So feine harr eck noch gor nich seen. Schön liek, starke Twiege un een bläuliche Farv.

Gau her mett de Soog un denn besten Boom afgemookt. Mett dissen feinen Boom kööm eck nu bi Onkel Brandt an.

Hermann Brandt sien Ogen woor'n jümmer gröter un sien Kopp knallrot. He keek erst den Boom an, denn mi, denn Boom, mi, un woller denn blauen Boom. He schüttel sien roden Kopp: »Bist du nich ganz kloog, weest du nich, watt disse Boom kost? Datt is een Edeldannen, de kost jümmer dreemol so veel att de anner'n!« Nu weer mien Kopp knallrot un de Ohr'n wör'n hitt. Borgeld weer bi mi een ganz selten Artikel.

Hermann Brandt ganz streng: »Woveel Geld hest du denn bi di?« Eck stotter: »Dree Mark for denn Boom von mien Vadder un 27 Penning in mien Portmonee.« Onkel Brandt schüttel mett'n Kopp. »Her mett de Dree-Marksebenuntwintig, un de nächsten twee Sunnobende helpst du mi in de Gärtneree!

Nu schipper ober gau los mett dien Edeldannen.« Eck hebb mett'n Kopp nickt un bloot noch seggt: »Onkel Brandt, mi hett jümmer man dücht Dannenboom is Dannenboom.«

Eck kööm nu jo mett mien Prachtstück von Dannenboom bi us to Huus an. Aal hebbt se mi löövt: »So eenen feinen Boom hebbt wi jo noch gornich hatt.«

An'n Heiligobend strohl he in'n vullen Glanz un Lichterpracht. Mien Mama seggt: »Hett us lüttje Jan nich eenen smucken Boom holt?«

Al hebbt se mett eer'n Kopp nickt, bloot's mien Opa keek denn Boom an un seggt: »Dannenboom is Dannenboom!« – ? – –. »Na denn, fröhliche Wienachten.«

Schietweer to Ostern

Datt mutt wol so in'n Föhrjohr 1957 wesen sien, de Winter wör bitterkolt wesen un wie harrn hogen Snee harrt. De Iestappen wör'n an dat Strohdack bitt up den Bodden fastwussen. Mien lüttje Swester Karla un ick slöpen domols all in us eegene lüttje Komer boben achtern Kohstall an'ne Deel. Mama Alwine pack us obends jümmer mett een Warmkruken un een duppelte Wulldeeken fein warm in us Bett.

Datt weer uck bitter nödig, morn's bien Opstoon gnoster de Bettdeeken, dor wo wie nachts henpust harr'n, weer se hartfror'n von us Oten. An de dünnen Rotsteen in de Fachwarken seet dicken, witten Ruchriep, dor kunnen wie mett us lüttjen Fingers feine Biller in molen.

Ünnert Bett stünd de witte Nachtpott. Us Papa Hinni seggt domols jümmer: »Dor kööönt de Flöhe woller fein Strietschoo op lopen.«

Nu weert Märzmoond wesen un in een Week schull Ostern komen. Dat Weer harr upsett, de Sunn keek all mol dör de Föhrjohrswulken. Wie Kinner harr'n bloot noch Ostern, un besonners denn Osterhoosen mett de Ostereier in usen Kopp. Oma un Mama harr'n Höhnereier mett us tosomen utpust, de droffen wie fein bunt anmolen. Hett datt Spoß mokt!

An'n Sunnobend vor Ostern weert noch fein Sunnenweer un wie Kinner harr'n datt ganz drock um Osternester ut Moos, Hau un witten Torf to bo'en. Twüschen de dicken Wuddeln an'ne Eekbööm, ünnere Büsche in'n Gorn un achter us Hauschüün hebbt wie denn Osterhosen feine, kommodige Nester boot, so datt he dor ornlich veel Ostereier in loten kunn. Datt beste Nest weer een lüttjen Ringel ut witten Torf, mett Moos utkuffert, un dor binn leeg een buntet Pappei ut twee Hälften – ober leddig. Datt mook de Osterhoos jümmer woller mett allerfeinste Zuckereier full.

Watt hebbt wie us dor all up freut, in Gor'n un twüschen de Appelbööm bleuen all Sneeglöckchen un so'n poor Osterblomen. All'ns good toschick, Ostern kunn komen.

Jegen Obend wor datt buten düchtig rusigen Wind un ock ornlich koler. »Dor kummt Schietweer to Ostern, datt word woller kolt«, seggt Opa Jan bien Obendbrot to us. He harr de Norichten in'n Radio hört.

Wie sünnt denn ober fein in us Bett inkuschelt worn un hebbt dacht: »Snack du man to.« Beten unruhig hebbt wie wol slopen, wie harr'n jo so veel to drömen. Anner'n Morgen, vör Dau un Dag, klappen us lüttjen Ogen all woller up. In'n Nachthemd un plattbarf susen Karla un ick gau in'ne warme Köken.

Dor seten Mama Alwine, Papa Hinni, Oma Line un Opa Jan all an'n Fröhstücksdisch. Melken, utmesten, fo'ern, Hau vorgeben, de Arbeit in'n Stall un up de Deel harr'n se all fix fertig. »Wat wöllt jie Banausen denn al hier,« kregen wie to Begrüßung. Se keken all so'n beten bedröppelt ut de Ogen, worum wol?

Ut de beiden Kökenfinster segen wie dat Molleur. Buten jegen Huus leeg dicken Snee un ut düstere Wulken full jümmer noch mehr ruut. Datt weer wie in'n dicksten Winter. Frohe Ostern! Nu güng dat Blarrn un Gejammer bie us Kinner jo richtig los. Bie denn dicken Snee kunn de Osterhoos jo gornich komen, un us feinen Osternester, un de Osterblomen, nu iss all'ns in Dutt! De Tronen löpen ober us Backen, so hebbt wie weent.

Mama un Oma nömen us in eer Arms un vortelln een wunnerliche Geschichte: Se harr'n morgens noch in'n Düstern denn Osterhoosen ut us Huusschüün slieken seen, ganz bestimmt! Watt de dor wol all to söken harr? Wie beiden schull'n us man gau warm watt anteen, een beten hidde Melk drinken un denn mol nokieken.

Ruck-zuck weer'n wie inne Klomotten un susen obern Hof, dör'n Snee, in us Hauschüün. Dor weer nu jo nich mehr veel Hau in. Ober disse slaue Osterhoos, wie harr de datt ruutfunn?

In'ne Ecken un oberall funnen wie Ostereier un feine Nester in'n Hau. Datt grode Nest in denn Torfringel harr he von Buten in de Schüün umboot, datt bunte Pappei wör full mett Zuckereier.

So een Gejuche un so veel Spoß hebbt wie to Ostern nie woller hatt, wör datt een Freud. Oma un Mama harr'n uck Tronen in eer Ogen un lachen düchtig mett us. Un wem wör datt all to verdanken?

Doch wol dissen slauen Osterhoosen, de bie Wind un Snee ünnerwegs weer, un sick von nix upholen leet! Hüüt noch veelen Dank dorför un »Frohe Ostern«!

Als Reithdachdecker bie »Jupp« in Kommern

Vondoog schrief eck mol nich ober Torf, hüüt geiht datt um dat Naturmaterial Reith. Anfangs de 80iger Johr'n weer eck in Düwelsmoor bie denn Reithdachdecker Norbert Hofmann anstellt. Mett Norbert un de Kollegen Fidi, Hans-Georg un Helmut hebbt wie ganz veel Gegend in Düütschland un de Grenzlänner to sehn kregen. In de Schweiz, im Berner Oberland am Brienzer See, sind wie uck togang ween.

De meisten Arbeiten weern in grode Freelichtmusee'n to moken, so in'n Hessenpark bie Frankfurt, in Guttach up'n Vogtsbuernhoff im Schwarzwald, in Detmold un in datt Möhlenmusem in Gifhorn. Mennigmols weer'n wie ober in datt Rheinische Freelichtmuseum in Kommern/Eifel togang. Dor hett sick disse lüttje Geschichte mett »Jupp« uck todrogen.

Dittmol weer datt eene »Zehntscheune«, een grode Fachwarkschüün mett 900 Quodrotmeter Dackfläche, dor moken wie een ne'ett Reithdack rupp. De gewaltige Schüün weer ursprünglich mol mett Stroh indeckt ween, ober Langstroh geeft jo nich mehr, dorum Reith.

Us Arbeit dur notürlich veele Weeken, datt muss jo al von Hand mokt weer'n. Wie wohnen in een Pension in Kommmern un an'n Weekenend föhr Norbert us mett sien VW-Bus no Huus.

Bie disse lange Tied hören wie Dachdecker, de »Fischköpp«, bie de Lü'e ut'n Museum all meist mett too'n Inventar. Vor allen Dingen bie »Jupp«, de harr dor'n beten watt to seggen. Jupp weer meistens bie us, un he amüsier sick jümmer ober us plattschnacken. He kunn dor wol watt von vorstoon, man snacken kunn he datt so nich.

Wie beiden wör'n sowatt in een Oller, vorstünn us good un snacken veel mett eenanner. To'erst kunn he mett mien Kortnomen »Jan« gor nichts anfang'n. »Jan«, de Kortnomen von Johannes, gift datt so in'n Rheinland nicht. Jupp seggt to mie: »Jung, luren's, du heest ›Schann‹, ›Schänn‹ oder ›de Hannes‹! Mir hänn he in de Eifel uck unn's Platt, verstaanst? Mer öbe datt mol!«

Wie beiden harr'n us datt no Fierobend in us Frööstücksbude bie »Bitburger Bier« un »Williams Christ« kommodig mokt. Een Kolleg von us Dachdecker, de heet uck Jan, harr mol denn Spruch losloten: »Dat Leven in'ne Fremde is bloot's in'n Suff to vordrägen!«

Jupp harr all een beten datt Leit ünner'n Steert un wol mie mett sien Rheinlandplatt achtert Licht föhr'n. »Jung, luuren's, passen's op!« Datt heet: »Jung, hör to un pass up.«

»Sag mir mal zwee düütsche Sätze, in denn ee'nen mutt ›Wammma- ma‹ un in en anner'n ›Hatt-ta-ta‹ vorkomen.

Toerst hebb eck mie an'n Kopp foot un Jupp een Vogel wiest. »Weet eck nich, Jupp, vortell du mie datt man mol.« Jupp de grien un fung an to vortellen: »Da wamm-ma-ma auf Schalke, war datt da schön.« Nu kööm eck. »Na, Jupp, un wo is dien ›Hatt-ta-ta‹?«

»Luren's, Jung, luren's, da wamm-ma-ma auf Schalke, war datt da schön. – Da wamm-ma-ma in Dortmund, watt hatt-ta-ta geregnet.«

Ja, so weer datt bie de »lustigen Rheinländer«, wie hebbt dor veel Spoß mett hat.

Vadders gode Scheer un Winnetou

Datt hett sick todrogen in denn Winter 1963, een poor Weeken vor Wiehnachten. Us lüttje Dorp Düwelsmoor seech ut att een Bild von de Weyerbarger Kunstmolers. De Snee leeg dick up de Weiden, Strooten un Moordämme, de Barkenbööm weern witt, att mett Zucker pudert. Up de Moorgröben funkel datt blanke Ies.

Jan un sien lüttje Swester Karla seten in'ne Dorpsschool bi Lehrer Steffens un Lehrer Minde. Karla güng in de drütte Klaas un Jan bi Steffens in de Foffte. Vondog weer Bastelstunn an de Reeg. Se snippeln ut swatten Karton un geeled Pergamentpopier feine Muster un backen se to smucke Laternen tohop. Dor stell man een Talglicht rin un denn lüchten se fein an'n Fenster oder up'n Disch.

Dorto harr Jan von to Huus de goode Scheer mettbrocht. De schull he ober gornich mett hebben, weil datt Vadder Hinni sien Heiligtum weer. Dor harr he denn lüttjen Jan, un uck all veele annere Lü'e, fein de Hoor mett sneeren. Papa Hinnerk seggt jümmer: »Mien Scheer ist jo so düchtig scharp un luukt uck keen beten.«

Mama Alwine harr eer'n Jan de Scheer ober doch mettgeben. Dor harr he nu jo fein mett schnippelt, de smucke Laterne weer fertig.

Jan un de ganze Klaas weer'n hibbelig un kunnen nich mehr still sitten. Vor de Schoolfenstern danzen de dicken Sneeflocken un en witte Deeken Snee leeg up'n Schoolhoff. Lehrer Steffens geef Befehl: »So, meine Lieben, raus in den Garten, wir wollen noch einen großen Schneemann bauen.« Un noch achterher: »Ruut mett ju Banditen!«

Ünner een grodet »Hallo« susen de Jungs un Deerns in den Gorden jegen de School un rullen dicke Sneekugeln tohoop. De setten se tohoop un obereenanner bitt de dicke Sneemann to kennen weer. Nu noch de Ohr'n, een Kookpott köm up'n Kopp un toletzt wor mett swatte Eierköhlen datt Gesicht un de Mantelknöpp utstaffeert. Fertig wör de Sneemann. Lehrer Steffens mook mett sien Knipskasten noch gau een Bild von de »Rabauken«.

Wie wunnerschööön weer doch Snee un Winter. Nu weerd Middag un bi denn dicken Snee güngen se all tofoot no Huus. Op de Dorpstroot bi de Tanksteer von Betjemann balgen sick de groten Jungs un Deerns un moken Sneeballslacht. 1963 güng datt noch, to de Tied föhrn noch nich so veel Autos. De Sneebälle flogen hen un her, dor kunn us lüttje Jan uck jo nich so eenfach an vorbikomen. Sien Tornister flög up de Stroot un segel in'n Groben. De »Groten« speelen dor Fangen mett un smeten emm von den Eenen to'on Annern. Jan wehr sick att son lüttjen Tiger, ober so richtig kööm he gegen datt grode Volk nich an.

No een lange Tied schnapp he sick sien Tornister un nei ut no Huus. Mett een roten Kopp, een blauet Oog un een affreten

Knoop kööm he in'ne Köök an. Dor seten se all an'n Middagsdisch. Sien Swester weer all länger dor, se harr sick wol dacht »Angst hebb ick jo nich, ober ick kann flott lopen«.

De Laternen harr' datt heel oberstoon un weer'n fein bewunnert worn. »Hess de Scheer woller mettbroch?« frog Papa Hinnerk. Jan sien Kopp wor noch roter. »Jo hebb ick«, brummel he un grabbel wie dull in sien Tornister rumm. Dor wör ober nix, nochmol gesoch, nix is dor, de Scheer is wech. »Du vordreihte Slöpendrieber, nu hest du us beste Scheer vorreidelt, denn se man to, wie du eene woller krigst«, schimp Vadder Hinni.

Non Middag sus Jan mett sien Rad no de Stroot un soch de Scheer, ober se weer nich to finnen.

Nu muss Jan in den suuren Appel bieten. In'n Oktober harr he bi Buer Hermann Schrieber achter de Eegen Katuffeln nosoch. For een Nomdag geeft 5 Mark. 20 Mark harr Jan sick vordeent, dorvon all 10 Mark in'n Loden bi Martin Schuster utgeben. De harr dor up'n Schapp ganz watt Feines stoon, nämlich de Jubiläumsutgoof von Karl May

– alle Bände, een Band koost 4,95 Mark »Winnetou I« un den »Schatz im Silbersee« harr Jan all. He weer dor ganz dull no, un wull sick noch twee Böker köpen.

Onkel Martin hör sick datt Molleur an un segg: »Jan, ick hebb hier een gode Scheer for die, de is ut Solingen mett de Twillinge un koost ober twolf Mark. Ick geef se die for 10 Mark.« Jan muss drög sluken un kunn bloot's »Danke« stottern. He schööf de 10 Mark obern Tresen un pack de Scheer in. Bin ruutgoon keek he no boben up datt Schapp un grummel: »Tschüß Winnetou.«

De Winterdog güngen henn wie nix un Ruck-Zuck weer dat Heiligobend. Oma un Opa, Mama un Papa, Jan un sien Swester seten in de molligwarme Stuuf bi den Wiehnachtsboom.

De Pingelglocken harr bimmelt, nu weer Bescherung. Datt Christkind harr for de beiden Kinner de eersten Armbanduhren spendiert. »Dugena« un »Junghans«, ganz watt Smuckes.

Jan freu sick uck jo düchtig, ober dor weer noch een Geschenkpokeet. Un datt weer eckig! Ratz-fatz mett de ne'e Scheer datt Popier umto wech, datt weern twee Böker. »Winnetou II« un »Winnetou III«, disse Obend weer rett. Bi ditt Präsent harr'n sick de Wiehnachtsmann un Onkel Martin Schoster ober mol richtig Gedanken mookt.

Jan sprung sien Mama um den Hals un drück eer ganz düchtig. No de Bescherung vorkrümel Jan sick mett denn bunten Teller un »Winnetou II« in de achterste Eck von Sofa. He weer nich mehr to hören un to spreken. Datt weer een Heiligobend no sien Mütz.

Annern Middag seten se all woller um den groden Disch un wullen lecker watt eten. »Wo is us Jan denn all woller?« frog Vadder Hinni. »Ooch, kiekt man mol in'ne Stuuf«, grien Opa un plinkoog. »Ick glööf, us Jan sitt all woller up'n Peerd un galoppeer mett Old Shatterhand un Winnetou ober de Prärie. Jippi ey yeah!«

Danz up de Deel bie Jan Schoster

In de Wintertied weer datt jo alln's watt siniger. Up de Buernhööf in'n Düwelsmoor güngen de Arbeiten ruhig von statt, alln's wör een beten sutje. De Lüe harrn uck mol Tied in eer Dönz to sitten, to'n Klönen, de Fron's stricken un handarbeiten un de Mannslüe speelen Skot un Doppelkopp.

De »Gastpott« güng reegum von Huus to Huss. Datt heet, de Nobers loden sick gegensietig reihum ton gastereer'n in. So wor in de kole un düstere Wintertied datt gesellige Leven in'n Dorp uprecht hol'n.

Denn geef datt ober uck jo noch de groden Danzfeste up'n Sool, wo de Lü'e ut'n Dorp un de Noberdörper tohoop kömen too'n Danzvergnögen. So een groden Sool weer in Düwelsmoor bie Johann Tietjen, uck »Jan Schoster«, an de lüttje Reeg.

Datt weer domols noch een eenfachen Moordamm, in'n Winter natt un modderig, deep utföhrt von de Ackerwogen's. In Holschen un Stebelholschen güngen de Deern's un Jung's dorhen toon Danzen, eere feinen Schoh tögen se erst vor'n up'n Sool an. Se kömen von »Wiet un Siet« no »Jan Schoster« in Düwelsmoor.

No Sylvester weer datt nööchste grode Fest de »Kappenball«, so nenn sick de Karneval in'n Moor, de word nu jo noch jümmer in Augustendorp düchtig fiert.

No denn langen Winter harr'n de jungen Lü'e eenfach »Smacht« to fiern un danzen. Datt Motto heet: »Worum süllt wie datt nich doon, watt fein geiht un nich weh deit!« Dorbie güng datt ober nich bloots um Danzen un Drinken, ne dor weer uck »Partnerbörse« un Bruutschau. Internet geeft domols jo noch nich, keen een kunnen wol good tohoop passen?

De, all'n beten watt ollere, Frollein Emmi ut Düwelsmoor harr sick fein mookt un een knallbunten Fedderhoot up'n Kopp sett. Att soon plusterigen Papageienvogel seet se dor mittenmang an'n Disch un tööv up een smucken Danzpartner. De schull all'n beten watt hermoken un no Möglichkeit uck watt an'ne Hacken hebben. So'n eenfachen Stallbussen kööm nich in eer Komer.

Frollein Emmi wohn noch jümmer bie eer'n Broer un weer dor »Tante an'n Hoff«, un datt all vordammt lange Johr'n.

Bien Kappenball güng datt hoch her, an'n Tresen bie de Junggesell'n stünd uck Hinni Müürmann un visier de Domen up'n Sool Hinni weer een stattlichen, smucken Kerl un kunn fein danzen. He weer ober een beten schüchtern un bruuk een beten Anloop.

No een por Sluck un Beer weer Hinnis Moot duller un he stü'er up Emmi's Disch to. Hinni mook een Diener vor Emmi: »Dröf eck bitten?«

Emmi kreeg 'n roden Kopp un lispel: »Wenn Se denn so good ween muchen.«

De beiden weer'n ant Danzen un Emmi lispel: »Datt man bloot's nix posseern deit!«

Hinni wunner sick, säh ober nix un broch Emmi an eern Platz ass de Danz toenn weer. Bie'n nööchsten Danz gung he woller no Emmi un mook sien Vorbeugung: »Dröf eck bitten?«

Emmi weer woller puterrot un säusel: »Wenn Se denn so good ween muchen.«

Un denn kööm datt bie'n Danzen woller an Hinni's Ohrn: »Datt man bloot's nix posseern deit.«

De beiden danzen denn ganzen Obend tosoom un dor wor nix anners snakt att disse dree Sätze. De Nacht weer lang, de Kappenball güng to Enn, »Schades Danzkapelle« speel denn »Ruutsmieter« un Jan Schoster wull datt Licht utpusten.

Hinni froog Frollein Emmi höflig: »Dröf eck Se no Hus bringen?« Emmi snucker ganz verlegen: »Wenn Se so good ween muchen.« De beiden weer'n ünnerwegs up'n Moordamm, kort vor'n Buernhoff von Emmis Broer fung se woller an to snacken: »Datt man bloot's nix posseer'n deit!«

Nu word Hinni Müürmann datt denn doch to bunt: »Frollein Emmi, Se seggt jümmer, datt man bloot's nix posseer'n deit – iss denn all mol watt posseert?«

»Nee - ee,« lispel Emmi, »ober wenn Se denn mol so good ween muchen!«

Jan sien ersten Johr'n in de ne'e School in Dorp Düwelsmoor

1951 hett de Gemeen Düwelsmoor mittenmang in'n Dorp an de Klinkerstroot von Weyerbarg no Pemmbuddel een ne'e School boen loten.

Vördem geev dat twee Scholen, een in Nedderenn' un de anner boben in'n Dorp, de School Oberen'n. 1950 is de School Nedderen'n dör een Schorsteenbrand in Schutt un Asche leggt worn. De School Oberen'n is sloten worn, dat Huus steiht ober noch.

In de ne'e School geev dat twee Klassenzimmer, eenmol de Johrgänge von 1 bit 4 mit Schoolmester Wilhelm Minde, un de 5 bit 8 bie Schoolboos Johannes Steffens. De beiden Lehrer harr'n mit eer Familien egenständige Wohnungen an de School.

Jan, Johrgang 1952, von denn Buernhoff an de lüttje Reeg in Düwelsmoor, is an'n 9. April 1959 bie Herrn Minde inscholt worn. He kann sick noch goot an dissen Dag besinnen, sien Mama harr emm fein antogen un sien eenzigen swarten Lederschoh antrocken. De lüttje Jan lööp to anner Tied bloot's in sien ebenso lüttjen Holschen, uck loter noch no School.

De beiden marschiern tofoot up eer'n Huusdamm no de Dorpstroot, bie Martin »Schoster« vorbie, up denn Hoff Wellbrock. Dor holen se Tante Gerda un Cousin Hans-Dieter af. Hans-Dieter un Jan drögen ganz stolt eer spitzen Schooltuten vorrut, se löpen up'n Footpadd an de Stroot no School. De anner'n Schoolkinner mit eer Mama's trudeln dor uck in. Se worn all fründlich von Schoolboos Steffens in de Klaas upnohmen un bie Lehrer Minde kort vorstellt. Herr'n Steffens kenn de lüttje Jan all, de weer mit sien Opa in Gemeenderot un besoch jemm foken mol.

Mit witte Kried schreev Boos Steffens dree korte Wöör an de gröne Tofel: »Na Jan, was meinst du, wie heißt das wohl?« Jan schüttel sienen Kopp, he kenn de enkelten Bookstoven, ober hochdüütsch kunn he nich. Jan snack bloot's plattdüütsch von to Huus ut. Steffens wuss dat un klär emm up, dat heet: »Jan ist da.«

Dor weer de lüttje Jan uck noch nich veel mit wieter, he seet dor mit een knallroden Kopp un leet all'ns posseer'n. Een Ogenblick loter güng dat to'on Glück no buten up'n Schoolhoff um een Bild von de ne'e Klaas to moken.

Jegen Middag weer'n se woller in'n Huus, nu erstmol wat eten un sick vorholen, de erste Schooldag weer schafft. No'n Middag hett Jan de Schooltuten up Sötigkeiten unnersocht, mit Erfolg! De Weken dorno weer Unnerricht bie Lehrer Minde mit een ne'e Fibel un Biller mit ganze Wöör.

Jan muss sick eer's an de hochdüütsche Sprook gewöhnen. Eenmol an'n Middagsdisch schimp sien Papa Hinnerk: »So lehrt de Jung nie in'n Leven dat Lesen, wie hebbt doch erstmol all de Bookstoven lehrt un schreben!« So richtig harr Jan denn Bogen noch nich rut, un dat wuss he uck.

He harr ob er jo noch sien »Studierzimmer« in'n Kalverstall an de Deel. Dat weer de holten »Paddemang«, dat Plumpsklo an'n Stall. Up de meisten Hööv stünd dat buten up'n Hoff in Wind un Weer, dat Huus mit Hart. In'n Stall weer dat warmer un kommodiger, jümmer witt witschert un rein. Dor harr Oma Line eer Ogen up. Allerdings geev dat keen Woterspölung un weeket Klopopier, sonner'n een Ammer Torfmull un ole Zeitungen, dat Kreisblatt ut Osterholt.

No'n Middag mok Jan dor sien »Lesesitzungen«, denn harr he sien Ruh. He sett de enkelten Bookstoven tohoop un fung an de Wöör to snaken, so harr he dat noch nich mokt, ober dat klapp! Dat erste lange Wort wat he rutkreeg weer »Bundesregierung«, een Oberschrift up'n Kreisblatt.

No de Middagsstunn vortell Jan dat sien ganze Familie an'n Kökendisch, he weer stolt un strohl ober alle Backen. Nu geev dat keen Holen mehr, de Hunger up Lesen wör jümmer duller. Bie Schoolboos Steffens in'ne Klaas stünd een gewaltigt Schapp vull mit Böker un Korten. Disse Schoolbökeree harr Jan bit toon 4. Schooljohr dörlesen.

Un denn geev dat bie Martin »Schoster« jo uck noch Böker von Karl May, Romane un een ganz Deel »Schundhefte«.

Jan sien beste Fach weer Dikate un Opsätze schrieben, he schreev uck for »Bedürftige«, dormit finanzier he denn »Lesestoff« bie Onkel Martin. So geev dat foken eenige Opsätze von Jan in de Klaas, bitt Schoolmester Minde dor achter köm. Dat hett »langen Hobern« geben!

Lesen un Schrieben weer ober lang nich alles in de Schooltied, wie harrn veel Sport bie Steffens, toon Biespill Völkerball, Brennball, Schlagball, Football un veel mehr. Jede Pause weer in de fre'e Natur up'n Schoolhoff un bie de Torfkant an'n Moor.

De Deern's un Jung's ut Düwelsmoor weer'n goot dörtrainiert, bie de Bundesjugendspiele in Hüttenbusch moken wie jedes Johr erste Plätze.

De Schooltiet in Düwelsmoor weer fein, – nun ja, nich jümmer! In de Sommertiet fungen wie alle freewillig morgens um 7.00 Uhr an, een Stunn eter. Toon Middag mussen wie pünktlich an'n Disch in'n Huus wesen, veel rumdudeln güng nich. Dorno güng dat int Moor no'n Torf, upt Feldland oder int Hau up de Wischen. Too'n Speelen un Dummheiten moken bleev ober uck jo noch Tiet. Dat weer een swore, ober uck feine Kinnertiet. Jan wunnert sick bloots mennigmol, wie sick de Tieden in goot 50 Johr'n so radikol ännern kunnen?

Neu entdeckt am Steinhuder Meer: Der Knabe im Moor

Im September 2013 haben meine Frau Sabine und ich in einem schönen Landgasthof am Steinhuder Meer eine Woche Kurzurlaub gemacht. Wir sind mit dem Fahrrad um den See unterwegs gewesen und haben die schöne, aber landschaftlich sehr unterschiedliche Gegend erkundet. Vom Geestrücken ging es vorbei an den langen Bootsstegen, an einem Sandstrand, die »weiße Düne« genannt, entlang in nördlicher Richtung zum »Toten Moor« mit verlandeten Handtorfstichen, Holzwegen und Aussichtsplattformen.

An einem Torfkanal, ebenso verlandet wie bei uns im Teufelsmoor, sind wir entlang gewandert bis zum See. Am Kanal lag auch ein Steinhuder Torfkahn, eine andere Bauart wie die Torfschiffe auf der Hamme. Mich erinnerte der Kahn an einem großen schmalen Backtrog aus Holz.

Das »Tote Moor« wird vernässt und ist Naturschutzgebiet, in direkter Nähe sind viele Grünlandflächen und große Abbauflächen eines aktiven Torfwerkes. Dieses Torfwerk in Neustadt am Rübenberge war früher durch seine Werksinhaber mit dem Torfwerk Turba in Teufelsmoor eng verknüpft. Bei Arbeitsspitzen half man sich gegenseitig aus. So viel nur dazu.

Die Tour führte weiter über Neustadt am See entlang nach Steinhude, der Hochburg des Seetourismus. Von den Anlegern gibt es einen Linienverkehr und Ausflugstouren zur künstlichen Festungsinsel Wilhelmstein im See. Dort sind wir auch gewesen, es ist klein und fein. Die Festung ist imposant, von »buten un binnen«.

Ab Steinhude führt der Seeweg weiter durch nasse Wiesen und Dauerweiden mit Wasserbüffeln. Eine wunderschöne Radtour in einer einzigartigen und geschützten Vogel- und Naturwelt zurück zum Geestrücken.

Am nächsten Tag war Dauerregen angesagt, deshalb sind wir mit dem Auto nach Neustadt gefahren, um dort das Schloss Landestrost zu besuchen. Wie wir schnell feststellten: ein Glücksgriff. Im Schloss ist ein Torfmuseum eingerichtet mit vielen interessanten Ausstellungsstücken.

Ich war erstaunt, wie viele Bezüge zu unserem Teufelsmoor uns begegneten, in Fotos, Urkunden und Schriften. Auf einem großen Monitor lief ein schwarz-weißer Lehrfilm über Moor und Torfabbau in den 1930iger Jahren. Dieser Film zeigt Arbeit und Leben unserer Vorfahren in Teufelsmoor und Bornreihe, ich habe ihn als Video bei mir zuhause.

In der Ausstellung sah ich schon großformatig an der Wand das Gedicht »Der Knabe im Moor« von Anette von Droste-Hülshoff und Erinnerungen wurden geweckt. Ihre Verse zogen mich wieder magisch an, ich hatte sie in meiner Schulzeit auswendig gelernt. Die nette

Dame am Empfang im Torfmuseum gab mir das Gedicht und anderen Lesestoff in handlicher Form mit auf den Weg. Wieder im Haus angekommen, habe ich es gern noch mal gelesen.

Gestern hatte ich die Idee, das schöne Moorgedicht in unsere plattdeutsche Sprache zu übersetzen. Einfach war es nicht, ich habe es ausprobiert. Hier ist das Ergebnis des Versuchs:

»De Jung in'n Moor«*

O, schuurig is't, ober't Moor to goon, wenn dat swummelt von'n Heidrooke, sick wie Geister de Nevels toog'n un de Rank'n hokelt an'n Struke. Ünner jed'een Tritt een Woter springt, wenn ut de Spalten dat zischt un singt O, schuurig is't, obert Moor to goon, wenn de Reithhalms knistert in'n Dooke!

* nach »Der Knabe im Moor«von Anette von Droste-Hülshoff, plattdeutsche Fassung von Jan Brünjes

Fast holt de Fibel dat zitt'rige Kind un rennt un loop, at wull mann't jogen. Hohl ober dat Moor suust de Wind, wat ruschelt dor achtern an'n Hogen? Dat is de spökenhafte Karkhoffs Knecht, de sien Meister de besten Torfe verzecht. Huh, huh, dat brick wie een irrsinnig Rind! De Jung duukt sick un will all vertogen.

Von't Öber starrt Stubben düster no vorn, unheimlich nickt de Föhre. De Jung de rennt, mett gespanntet Ohr, dör lange Halm's, wie Speere. Un wie dat ruschelt un knistert dorbin: dat is de unselige Spinnerin, dat is de verbannte Spinn-Leonor, de den Haspel dreiht in't Geröhre!

Vorut, vorut, bloot jümmer in'n Loop, vorut, ass wull'n se emm holen! Vor sien Foot dor bruust dat up, dat fleut't emm ünner de Sohlen wie een spensterige Melodei. Dat is de Fiedelmann ungetreu, dat is de fiese Klauersmann, de Fiedler Joop, de denn Hochtiedsdoler hett stohlen!

Dor brick dat Moor, een Seufzer geiht ruut ut de klaffte Höhle. Weh, weh, dor bolkt de verdammte Mogret: Hoh, hoh, miene arme Seele! De Jung springt wie een waidwundet Reh, weer nich Hülpsengel in sien Näh, sien lüttjen, bleeken Knoken fund, o weh, een Torfgräber in'n Moorgeschwele.

Dor mählich grünnt de Bodden sick, un günntsiet jegen de Weide de Lampen flackert so heimelig. De Jung steiht an de Scheide. Deep holt he Otem. No'n Moor torüch noch jümmer smitt he den bangen Blick: Jo, in'n Geröhre wör't fürchterlich, O, schuurig wör't in'ne Heide!

De Lanzbulldog, swatte Kerls un Wiehnachten

An eenen feinen un sunnigen Winterdaag in'n Dorp Düwelsmoor hett sick disse lüttje Begebenheit afspeelt. Seit eenige Doog harr dat ornlich streng un hart fror'n. De natten un modderigen Moorweege no de enkelten Buernhöff weer'n nu fast un good to beföhr'n.

In de fofftiger Johr'n harrn de Moorbuern noch kee'n Meihdoscher, de Korngarben wor'n in Schünen un Schobern in'n Sommer upstopelt. In'n Winter kunn »Doscher Tietjen« ut Hüttenbusch mett sie'n Lanz-Bulldog un de swore Doschmoschien no de Buernhöff in'n Moor henkomen.

Vondog weer bi Onkel Hinnerk up sien Hoff de grode Doschdag. »Dong, Dong, Wong« bloos de grode Lanz dicke Qualmwulken ut denn gewaltigen Utpuff un dreef de Doschmoschien an. Onkel Hinnerk, Opa, de Nobers un de Daglöhner weer'n in'ne Schüün un up'n Hoff um de Doschmoschien togange. Dat weer een swore un stubige Arbeit. »Doscher Tietjen« harr siene Moschienen jümmer in'n Oog, he arbeit in'n dicksten Stoof un weer so pickswatt at een Schosteenfeger.

Bie emm stünd een lüttjen Bengel, denn dat stammpende un stubige Ungetüm gewaltig imponier. Dat weer Peter, de elf Johr ole Jung von Daglöhner Karl.

Karl arbeit up denn Hoff mett, weil he noch keen annere Arbeitssteer funnen harr. Se weer'n Flüchtlinge un wohnen in een lüttje Holtbaracken bie'n Torfwerk. Dor wohnen uck noch Karl's Mudder, sien Fro Anna un de lüttjen Deer'ns Marie un Luise.

Se levten in eenfache un ärmliche Umstände. As Fremde harrn se dat toerst in'n Dorp nich eenfach harrt. Dör eere fründliche un hülpsbereite Ort un Wies harr'n se ober gau Anschluss funnen. Bie Onkel Hinnerk un sien Familie up'n Hoff weer'n se besonners gern sehn.

Hinnerks Söhn Martin un de lüttje Peter weer'n dicke Frünn. Peter un »Maddin« harrn denn ganzen Dag bie de Doschmoschien in Kaff un Stoof stohn. Se weer'n nu all jüst so swatt as »Doscher Tietjen«. Dat word langsom schummerig un Peter jümmer kribbeliger. He tock Doscher Tietjen an de Blaujack un frog emm: »Du – Onkel Doscher – woneer fangt dat denn nu an to stuffen?« De keek emm ut grode witte Ogen an. »Dat stuff doch all denn ganzen Dag, worum wullt du dat denn weten?«

»Joo'o«, seggt Peter, »mien Mama hett seggt, wenn dat ganz düchtig anfangt to stuffen, denn schall ick no Huus komen!«

Doscher Tietjen, Onkel Hinnerk un uck all de anner'n Lü'e löpen vor luter Lachen de Tronen dör de swatten Gesichter. »Gliek is Fierobend«, seggt Hinnerk, »denn geiht Papa Karl mett die no Huus, un jie wascht ju ersmol ornlich, anners kennt ju morgen gornich de Wiehnachtsmann!« Och joh, an'n nächsten Dag weer jo Heiligobend.

De lüttje Peter weer ganz bedröppelt un trurig. He seggt: »Mien Mama hett to Papa seggt, ditt Johr is bie us keen Wiehnachten, weil wie jo nichts hebbt!« All keken sick benaut an un wussen nichts to seggen.

Nu weer Fierobend un dat güng to Tante Frieda in de warme Köken to'n Obendeten. Tante Frieda harr ober an Heiligobend un an Karl un Peters Familie dacht. Se geef de beiden swatten Kerl's twee grode Körbe mett luter gode Soken ut de Köken un Backstuv mett up denn Weg. »Un hier hebbt jie noch een grodet Stück Kernseepen, dat jie woller witt utseht«, seggt se. De lüttje »Maddin« schenk sien Fründ Peter noch een Schipp ut witten Torf.

Doscher Tietjen wull Peter un Martin an'n nächsten Mor'n up sien Lanz mitnehmen. He föhr mett sien Doschmoschien wieter too'n annern Moorhoff, um se dor aftostellen.

Watt weer dat ee'n Freud bi denn lüttjen Peter! He kunnt nich aftöben, mett sien Papa no Huus to komen. Se lachen un harr'n gode Laune. So löpen se gau in'n hellen Moonschien ober't Moor no'n Torfwerk. Mama Anna tööf all up de beiden. »Wie seht ihr denn aus, ihr swatten Banditen?« Peter full eer um denn Hals un dat sprudel man so ut emm ruut: »Mama, Mama, du glaubst das ja garnich, nu is doch noch Wiehnachten!«

Fröhstück up'n Torfwerk

Dat beste an de Arbeit sind doch de Pausen, un dat allerbeste de Fröhstückspausen. So weer't uck domols bis us up'n Torfwerk. Direkt in de Hallen, in'ne Schlossereee, de Discheree un in'n Büro harrn se jo eer'e fasten Plätze, um warm un drög bien Fröhstück to sitten. Ober wie moken se dat buten in'n Moor up de unendlichen Torfflächen?

Bie fein Weer un Sunnenschien seten de Arbeiter un Arbeiterinnen uck gern mol in grode

Runde um de Torfklick's. Wenn dat ober kolt weer, bie Schietweer, Regen un Grummelschurn, wo bleben se denn af?

Dorto harrn de Schlosser un de Discher bie'n Werk eene Fröhstücksbude up eer Feldbohngleis boot. Disse grode holten Bude up iesern Rullen weer kommodig inricht mit holten Bänke, een lüttjen Bulleroven mit een Schornsteen ut Blick. Egol up wat von Torffeld se jüst togang weern, de Torflok broch jemm jümmer de Fröhstücksbude mit. Dor kunnen us Arbeitslü'e nu fein warm un drög in sitten, eer Brotdosen utpacken un hitten Kaffee drinken, klönen un sick von de swore Arbeit up'n Torffeld verholen.

De Een un Annere harr uck jo mol Geburtsdag, oder dat geef anners wat to begeten, denn schall dor uck mol Beer un Sluck de Runde mokt hebben. Oder wenn't düchtig kolt weer, geef dat hitt Woter mit Rum un Zucker, een stieben Grog. Ditt kann ober uck bloot's Snackeree von de Lü'e ween sien, keen weet dat so genau.

Nu gifft dat noch een lüttje Anekdote to vortellen.

Se weer'n up Feld acht togang, us Kollegen Friedel, Hans, Erwin, Hinnerk un Hermann.

Hermann un Hinnerk holen mit de »Diema« Lok den Torf ut'n Moor un föhrn dormit no'n Werk in Nee-St. Jürgen.

Nu seten se all tosamen in de Gleisbude un packen eer Brotdosen ut. Erwin, noch een Jungkerl un uck jüst frisch verheirot, keek in sien Blickdöös, nehm dat Brot ruut un klapp de Hälften uteenanner. He stöhn un schimp: »Nee, oh nee, nich al woller Lebberwust!«

Sien Kollegen keken sick an un schüddeln mit'n Kopp. Friedel seggt to emm: »Mensch Erwin, kannst du dien Annemarie denn nich mol seggen, dat se die nich jümmer Lebberwust upsmeert?«

Erwin keek Friedel groot an: »Du, dat geiht nich, Annemarie is all de ganze Week in Weyermoor bie eer Ollern un helpt dor up'n Hoff, mien Brot smeer ick mie nu jümmer sülvst up!«

Een halben Liter Beer, obern beten flott!

In de Tied no'n Ersten Weltkrieg, in de twintiger un dartiger Johr'n schippern al de »Jan von Moor's« mit eer brunswatten Torfscheep eer'n Torf ut'n Düwelsmoor up de Hamm un Wümm no Bremen to, un uck no wieter, ober de Weser bit no Brake.

Dor bruken se veel Torf to'n Hitten un in de groden Bäckeree'n. Dat weer een regen Schippsvokehr up de brune Hamm no de Stadt to. Annersrum, von Bremen no'n Düwelsmoor to, schippern ober uck veele lüttje Boote no de Hu'e, Weyerbarg un Düwelsmoor. De Woterfrünn mit eer Kanus un Kanadier töög dat mit Kind un Kegel in de wunnerschöne Natur an de Hamm in Düwelsmoor.

Bie fein Weer un Sunnenschien güng dat ornlich rund an'n Woter. An de Anleggers bie de olen Torfkahnkneipen, in'ne Weiden un achter de Schüü'n, bie de Buer'n funnen de Bremer Bootslü'e eer Steern, wo dat Boot leeg un se eer Telt upboen kunnen. So sind toerst de meisten »Camper« an de Hamm no Düwelsmoor komen.

Se brochen frischen Swung un Leven un gode Geschäfte in't Dorp, de Loden's, de Kneipen un up de Buernhööf. De Dorpslü'e un de »Bremer« kunnen sick ganz god rüken un vordrögen sick prächtig. Wenn dat wat to fier'n geef, weern se al dorbie.

Legendär weer de »Italjeenische Nacht« an'n Hammeöwer bie Wrieden's Kneipe in de fofftiger Johr'n. Dat weer een laue, lurige Sommernacht in'n August, veele bunte Lampions un Girlanden schaukeln um den holten Danzbodden an'n Hammeöwer un smeten een warmet Licht ober't Woter.

»Schades Danzmusik« intonier, so god dat güng, de nee'sten italjeenischen Schlager von Rokko Granata, Catharina Valente un Rudi Schurike. Sien »Caprifischer« klungen dör de Hammenacht: »Bella - bella - bella Marie, smiet di dol, ick blief bie di, – bit morgen früh.«

Boben, in Wrieden's Kneipe, harrn de Dorpjungs Hinni, Korl un Herman sick dat bie Beer un Möhlensluck fein kommodig mokt, den roden Funkelwien schullen man de Deern's un de Bremer utsupen. De Klock wies al no Middernacht un de witte Mond stünd ober de Wischen no Hüddenbusch. Bie dat Ambiente kunn de Stimmung nich beter wee'n.

Nu kööm ober noch de Grotkotz Ferdinand in'ne Kneipe getrampelt, flegel sick an'n Tresen un knurr den Wirtsmann an: »Een halben Liter Beer, obern beten flott, hebb Dorst.« De hau emm den Humpen Beer up'n Tresen: »Suup ut!« Ferdinand, he nenn sick uck sülvst »Ferdi«, harr bie de Dorpslü'e, de Bremer un Hinni mit sien Macker's keen gode Korten. He weer een Stinkstevel un Mimer. Sien Vadder harr een groden Hoff un massig Geld in'n Strump, dor kunn Ferdi prächtig achter schulen. Ober mit sien »Kohle« rumsmieten döön he uck nich, Ferdi günn keen Anner'n dat Swatte ünner de Footnogel's, he weer giezig.

Achtern an'n Disch grienen Hinni un sien Kumpel's sick al Eenen. Ferdi pett von eenen Foot up den Annern, he muss mol no Achtern to'n Pieseln. »Wirtsmann, geef mie mol een Bleesticken«, he nöm eenen

Beerdeckel un kritzel dor wat rupp. Den Deckel pack he up sien Beerhumpen un moschier los to'n Pinkeln.

No fief Minuten köm he woller um de Eck un lang no sien Beer. He keek mit grode Ogen up sien Deckel un fung luut an to bolken – sien Beer schütt he achtern Tresen in'n Utguss.

»Wat fehlt die denn, bis du bregenklöterig wor'n.« wunner de Wirtsmann sick. He kreeg Ferdis Beerdeckel to foten un lees luut wat dor upstünd. Boben harr Ferdi, up hoochdüütsch, ruppkritzelt: »Hier habe ich hineingespuckt.« Dor unnen ünnner stünd nu up plattdüütsch: »Wie uck.«

»Jan von Moor« un de Düwel

Dat weer eenmol, so fangt de Määrken un Sagen jo meistendeels an. Dat weer eenmol so eenige hunnert Johr'n torüch, vor us Tied, in dat unwirtliche un gruselige Moorland, dat hüütdoog's Düwelsmoor nöömt word.

Dor weer bloot's Woter, wubbeligen Dobben un smerigen Torfbodden, keen Padd, keen Wege un keen Groben, bloot de Beek un de Hamm schlängeln sick dor dör. Noch keen Menschenskind harr sick dor hentroot, es sei den, mit Gewalt, Mord- un Doodslag. Eenige, wie veel weet man nich, sind in dat garstige Moor umkomen un for jümmer vorswunnen.

Bit de erste »Jan von Moor« mit sien Fro un dree Kinner von den Geestpuckel in't Moor töög un sick up een högere Steer een lüttje armselige Koten henstell. Dat Daak ut Schelp un Stroh reck bit up'n Torf, de Spoor'n un Wan'n weern ut Eekensprickelholt, mit Torf upsett. Een Füersteer weer dorbin un'n Leeger ut Busch un Stroh. Dor husen se al tohoop bin, mit een Zeeg. Dat weer al düchtig wat, so harrn se een beten Zeegenmelk for de Kinner. Jan de steek Torf, mook Gröben open un een beten Land toschick for Bookweten un Gras for de Zeeg. So kööm he mit sien Fomilie, mehr slecht as recht, ober de Runnen.

An een Sommerobend, dat weer een hitten un dämpigen Dag ween, dor is Jan noch bie'n

Torfpott togang, he will gliek Fierobend moken. Een gräsigt Donnerweer un swatte Grummelschurn mit gleunige Blitze bruust ober't Moor, dat is spökendüster.

Jan is Angst in de Knoken föhrt. Jegen emm qalmt un stinkt dat. »So mutt dat wol in'ne Höll wesen«, denkt he bie sick un schuutert de kolen Gräsen ober sien Puckel. Jegen emm steiht de Düwel, de Leibhaftige in Person mit gleunige Ogen, den Peerfoot, ruuget Fell un sien langen Steert mit den Quest doran. An den Quest glimm noch so'n beten Höllenfüer.

De Düwel will Jan in Angst un Bangen moken un bolkt emm an: »Wat wullt du hier, du elende Moormensch, dit hier dat is mien Land, hier heff bloot ick wat to seggen un to doon. Se to dat du mit dien Wief un de Blagen ober de Hamm kummst!«

»Jan von Moor« is vordattert, emm is gruselig un he hett Angst, ober he behaupt sick un steiht sien Mann: »Ick blief hier un mook Torf, ick kann mit mien Fro un de Kinnder narn's woanners henn, dor jogdt se us uck oberall weg.«

Jan keek den Düwel vorgrellt an: »Ick blief hier, mook Land drög un eben, sei'e Bookweten un Hobern in, dormit wie al wat to Eten hebbt un leven köönt. Gröben, Wege un Dämme willt wie boen, dor kommt noch veel mehr Menschen in't Moor.

Us Weiden un Felder ward grön, wie hebbt veel Gras un Korn, Keu'e un Beester, Swien un Höhner un een Gorden in den alles wassen deit, wat de leeve Herrgott us tokomen lett. Een groten Damm boot wie no us Karken, dormit wie an'n Sunndag god dorhen koomt un den Herrgott löven köönt.«

De Düwel weer kort vor'n Platzen, dat Füer sprung emm ut de Ogen: »Du Wicht, du Erdskrüüpel, wat glöv's du, wat du al kannst, du kannst gor nichts. Ick kann alles wat du die utdenken kannst, mark die dat »Jan von Moor«.« Jan hölt emm dat scharpe Torfmesser vor den smerigen Buuk um den Düwel sick von'n Liev to holen. »Ick glöv, du kannst nich alles«, meen he to emm.

De Düwel harr'n groten Snuten. »Wetten, ick will mit die wetten, dat ick alles kann, wat du von mie wullt. Wenn ick dat nich kann, denn kann's mit dien Blagen hierblieben.«

Jan keek emm plietsch in de gleunigen Ogen: »Dat is mol een Wort, dor go ick up in. Ick geef die hier een Stück knokendrögen Torf von unnen ut'n Pott, hart un drög! Dit Torfstück muss du woller natt moken.«

De Düwel kunn sick vor Lachen utschütten: »Wenn't wieter nix is, her mit dien Torfbülten.« Een Torfpott weer full Woter, dor smeet he den Torf mit aller Gewalt rin. De Torfbülten duuk ünner un schööt woller ut'n Woter hoch, he swumm boben up. De Düwel pedd emm mit sien Peerhuf woller no unnen.

Schwupp, swumm dat Torfstück woller boben up, dat Woter lööp andol. »Jan von Moor« grien: »Drögen Torf kannst du nee woller natt moken, glöv mie dat.« De Düwel schaff dat uck nee, he kunn nich mehr an sick holen un sprung in'n Moor hen un her, dorbi spee he Füer un Flammen.

In een grote Moorbussen, een Spalten un swartet Lock, is he mit veel Damp rinzischt, dat hett qualmt un stunken. Jan stünd mit zitterige Been an sien Torfpott, den Düwel harr he in de Schranken wiest, he kunn blieben. He sett sick up de holten Schuufkorr, hol deep Luft un vorpuust sick, dorbi dach he: »Jan, wat hest du woller for Dusel hart, Gott sei Dank!«

De Düwel weer in een Brass liek hendol in sien Höll suust, dor tööf Grotmudder, sien Oma, al up emm. Se kicher un laach oh'n Tähnen in'n Snuut: »Na mien Düwelskerl, de lüttje »Jan von Moor« hett die wol ornlich kranzheistert un too'n Narr'n mokt, dat harr ick die furn's seggen kunnt. Ober een betern Mann harr'n wie gornich finnen kunnt for dit gruselige Moor, loot emm un al sien Macker's man in Ruh, de mokt dat all.«

De Düwel weer an'n Keuchen un Snuben: »Dat paast mie jo nee, ober wenn du dat meenst Oma, denn loot ick den Donnerslag gewähr'n. Un at een ewig Teeken schall dit Moor un dat erste Dorp mienen Nomen dregen.«

Siet den Dag heet dat hier Düwelsmoor. Um eer'n Düwel in Ruh un to Besinnung to kriegen, harr Oma emm sien »Höllenelexier« mischt. »Höllenelexier« is ut 3 Sluck Stroh-Rum, 3 Sluck »Ratzeputz«, Tabasko, twee Bullenklöten un word upfüllt mit Höhnerblood. Nich schüddeln, bloot umröhr'n, dat brennt goot un is »echt lecker!«

Dor schütt de Düwel nu allerhand von in sien Schlund un muss sick gräsig schuutern. He slöp uck bald in un snorch luut.

Af de Tiet hett he »Jan von Moor« un sien Lü'e in Free'r loten. Düwelsmoor un de Düwelsmoorer giff dat jümmer noch. Am besten nich argern un nich mit anleggen, de weet sick jümmer to helpen un holt tohoop – uck wenn se gegen den Düwel anmööt!

Striedschoh to Wiehnachten

In'n November un meist noch den ganzen Dezember in dat Johr 1962 harr dat ornlich wat von »Boben« geven, dat harr pladdert un schütt wie ut Woterkübel's. De Moorgröben, de Wischen un Weiden in Düwelsmoor stünnen blank ünner Woter. An de Hamm von Weyerbarg bit no de Hu'e.

Twee Wecken vor Wiehnachten slög dat Weer um, de Wind dreih no'n Osten. Mien Opa seggt jo jümmer: »Wenn de Wind ut Osten weiht, denn kann he herkommen wo he will, he is jümmer gliek kolt.« Dat weer bitterkolt un al dat veele Woter up de Hammwischen fror to Ies. So uck an de lüttje Reeg bie us vorn Huus in de deepe Weid, de »Donau«. De heet so, weil se jümmer gliek's ünner Woter stund, se har keen deepen Aftog no de Hamm.

Nu weer dat een blitzblanke Iesbohn, un for us Kinner fein toon Glitschen un Schliddern. Ik weer domols 10 Johr olt, un Striedschoh har ik no nee. De ollern Deerns un Jungs ut'n Dorp löpen al Striedschoh, un ik weer so geern dorbi.

Too'n Middag weer ik ut de School komen un seet in us warme Köök mit an'n Disch. Oma keek mie plietsch an, se wuss goden Rot: »De Jung schall nu al sien Striedschoh von mie hebben un mit de Anner'n upt Ies, nu kann he dat Ieslopen fein leer'n.

Un nich erst to Wiehnachten, ik geef emm dartig Mark, denn kann he sick een Poor köpen.« Ik hebb mien Oma Line dankbor ankeken, se weer jo so god un kunn richtig mitdenken.

No'n Middageten bin ik furn's usen Huusdamm hendol suust an'ne Dorpstroten no'n Loden von »Onkel« Martin Schoster. De lach mie al an at ik bie emm in'n Loden stünd: »Jung nu vorpuust die ersmol, ik weet al wat du wullt.« He grien woller, »de Wiehnachtsmann hett dien Striedschoh al anleebert.«

He leggt se up'n Tresen, feine »Holländer« ut Holt, nich so lang, dormit se an mien lütt-jen Ledderstebeln uck passen deer'n. De ol Hinnerk Schoster har achtern in sien Schos-teree noch een Krüzledder mit Schnalle fer-tig mokt, dat hööl veel beter at de eenfache Bindeband. Too'n Sonderpries von 5 Mark, de har ik no von Kartuffeln nosöken bie Buer Schrieber. »Veelen Dank uck«, hebb ik stot-tert un Onkel Martin de 35 Mark geven.

Von'n Huusdamm güng't furn's up dat les von us »Donau«, ik hebb mien »Holländer«

fastschnallt un bin losglitscht mit stakerige Been. Alle weer'n se an'n Lachen, ober jedereen fangt jo mol lüttjet an. Wie foken ik an denn Nomdag up'n Mors oder de Kne'en flogen bin, weet ik nich mehr.

Oberall weer'n blaue Placken un al mien lüttjen Knoken kell'n düchtig, at ik oben's int Bett füllen bin. Ober wat weer ik selig un glücklich, ik kunn nu up Striedschoh lopen. Jeden Dag no de Schooltied weer'n wie up't Ies, erst bloots up us »Donau« ober denn uck up de groden Weiden no de Hamm dol.

An de Dorpstroot twischen Hof Tietjen Nr. 5 un Hof Wellbrock Nr. 6, speelen wie Ieshockey mit krumme Knüppel ut'n Busch un een Blickdöös als Puck. Oder wie lopen hendol no de Hamm, de uck een dicken Iespanzer har un de Striedschohlöper god drög. De Bremer Ieslöperverein har se free geben.

Wie harn nu ee'n kommodigen Heiligobend ünner'n hellen Wiehnachtsboom in us warme Stuuv fiert. Oben's geef dat jümmer Kartuffelsolot un frische Bockwurst von Slachter Pankow, een Festeeten. Selig har'n wie ünner de dicken Bettdecken slummert. De 1. Wiehnachtsdag weer anbroken. Knackig kolt, lesschrökel an'n Huusdaak, lesblomen an'ne Fenster, witte Bööm un een iesblauen Heben. Us Veeh harn wie god vorsorgt un de Arbeit up'n Hof weer doon, wie seten too'n Frööstück in'ne warme Köken.

Mien Papa Hinnerk keck mie an un seggt: »Dissen Dag un dat feine Weer willt wie utnutzen, ik will mit die up de Hamm, du kannst nu jo up Ies lopen, furt no'n Middag loopt wie los.« Ik weer »baff« un dach ik dröm dat, wat hebb ik mie freut, mien Papa wull mit mie Striedschoh lopen. Wie hebbt us dick un warm antogen, ik mit Pudelmutz, Papa mit Ohrnklappen.

In de Weid an de Dorpstroten sind wie loslopen, hendol no de Hamm. Un denn rupp up de Hamm, de glitzer un funkel inne Sunn. Un al de veelen leslöper dorup, wie een Völkerwanderung. Dat weer een Lachen, Juchen un Gesnöter.

Af Nee Helgoland weern dat noch jümmer mehr. Nee Kamerum un Tietjens Hütt'n flögen an us vorbie, mit langen Schritt susen wie bit no de Slüüs in'ne Hu'e. Torüch hebbt wie dat sinniger angohn loten un bie Tietjens Hütt'n een Paus mokt. Papa hett een Grog drunken un ik eene »Bluna«, - echt lecker. De Wiehnachtsdag güng to Neige, dat wor al düster at wie up de »lesweiden« no de Strot hoch löpen. Mie kell'n düchtig de Been, ober wat weer dat forn feinen Dag ween. Dat beste Geschenk von Papa wat ik mie denken kunn. To Huus ankomen hebbt wie noch bie de Arbeit mit hulpen, dat Meiste har'n Mama un Opa al mokt.

Oma weer in'ne Köök. No'n Obendeten seten wie al woller in de warme Wiehnachtsstuuv. Ik weer so mö'e un koputt un bin selig up'n Sofa inslopen. Wiehnachten 1962 weer een Beleevnis, dat hett sogor in'n Kreisblatt ut Osterholt stoon, is al lang her.

De unklooke Düwel un de plietsche Moorbuer

In mien Schooltiet in Dorp Düwelsmoor, dat weer in de 60iger Johrn, hebbt wie in Düütsch un Heimatkunde bi usen Schoolmester Hans Steffens de Anekdote von den Buern un den Düwel al dörnomen. Se stünn in een Leesbook schreben, up hoochdüütsch un heet dor »Der Teufel und der Bauer«. Wie hebbt jümmer een lüttjen Deel vorleest, denn mussen wie se tohuus mit us Wöör un Gedanken in't Heft schrieben, so een Art Upsatz.

In al de lange Johrn harr ik se al vorgeten, ober nu is de ole Döntje mi woller in'ne Mööt komen. Ik heff ober emm nodach un neet upschreben. Kee'n dat toerst schreben hett weet ik nee mehr.

Mi'n Grootvadder hett dat uck vortellt, un de weer een Torfschipper un Buer in Düwelsmoor. »Jan vom Moor«, oder beter noch »Jan Buer«, de weer so plietsch, dat de Düwel nich jegen emm an kunn. Boben an'n Torfkonol harr he sien Dagwark in'n

Torfmoor doon un güng nu an sien Land hendol no Huus to.

Up dat Feldland achtern Huus seeg he een gleunig Füer, wie een Torfringel de brennt. He güng dor upto, un keen Äeen seet dor boben up den Füerringel? Een lüttjen swatten Düwel! »Wat mokst du dor?« säh Jan Buer un schuter sick. »Ik sitt hier up een Sack vull mit Gold un Silver, so veel as du in dien Leben noch nich up'n Hümpel sehn hest.«

»So, so«, säh Jan Buer, »den weest du uck woll, dat dit mien Land is un de Sack vull Gold denn von rechtswegen mi hören deit?«

»Jo, jo«, säh de swatte Düwel, »ik will di wat seggen: Wenn du mi twee Johr lang dat Halve afgiffst von dat, wat up dien Land wassen deit, denn kann's du emm hebben.«

»Goot«, säh de Buer, »un dat wi dor kee'n Striet um kriegt, wüllt wi dat so moken: Wat boven de Eer wassen deit, dat schall dien wesen; wat over dor unner waßt, dat hört mi to.«

»Dat is mi recht«, säh de Düwel.

Over he wuss nich, dat Jan Buer dat ganze Stück Land mit Röben vulldibbelt harr. As nu in'n Harvst de Erntetiet weer, do hol de Buer ganz vorgnöögt sien Röben ut de Eer un smeet dat Kruut up dat Feld. Dor stünn de lüttje Düwel woller vor emm un säh: »Her mit mi'n Andeel!«

»Dor!« säh Jan Buer un wies up de geelen Röbenbloer. Do wor de Düwel dull un unklook un bolk: »Eenmol hest du mi ansmeert, over dor will ik di een Pohl vorsetten.

Dat nöchste Johr krieg ik, wat ünner de Eer wassen deit, un du kriggst dat, wat dor boben up wassen deit.«

»As du dat wullt, Düwel«, säh de Buer.

Annern Föhrjohr, an een sunnigen Aprildag, so sei'e he dor Roggen in. De stünn in'n Sommer schön hoch un dicht, un as he riep un goldgeel in'n Wind wogen deer, do güng Jan Buer mit sien Lee hen un sneed – ritz – ratz – fatz – den Roggen bit up de Grund af, stell emm in Hocken un at he drög weer hol he emm in sien Schüün.

Do kööm de Düwel un wull sien Andeel holen. He fundt nix as bloot noch de elennen Wutteln von den Roggen in de Eer. Do worr he so dull un unklook, he spee Füer un Gift un Galle un sprung in de deepste Torfkuhlen.

He suus in een Rutsch liekut dör bit in'ne Höll. Dor seet he nu to Lunen un Schimpen. Man us Jan Buer de lach sick eenen in de Fuust un güng up sien Feld un groov sick den Sack vull Gold un Silver ut. He grien bi sick un säh: »So'n unklooken un dummen Düwel!«

Eeten un Drinken holt Liev un Seel tohoop

Ik bin in de 50iger un 60iger Johrn up usen Buernhoff an de lüttje Reeg in Düwelsmoor upwussen. Mien Grootvadder weer noch een »Jan vom Moor« mit een egen Torfschipp dat in'n Konol an'n Torfmoor leeg. He arbeit uck noch als Strohdachdecker. Mien Vadder un de ganze Fomilie moken de Buer'e un späten Torf von April bit Mai un Juni. Dorno fung de Hau'etied an.

Mien lüttje Swester un ik sünnt dor so mit grootworn, dat weern harte Tieden, – ober uck wunnerschön. Ik will se nich missen. Wenn ik dor ober nodenk, fallt mie woller ne'e Anekdoten in. Wie kömen middags klock 12 ut d e School, denn güngt bie Mama un Oma an'n Kökendisch um us Eten to vortilgen, je no de Johrestied geef dat Suppen un Eenpott, Brotkantuffeln mit Ei, Knipp un Swattbrot, Melksuppen un foken uck Pannkoken. Den muchen wie an'n leevsten, so fein mit Zucker oder Röbensirup.

So feinet Eten, wie Fleesch un Broden mit Sosse un Solot geef dat Sonndags, vorher noch frische Höhnersuppe un achterher Griesspudding mit Brummelbeersaft. Dat geef noch eeniges mehr, ik kann dat nu nich al uptellen.

No usen Middag, de gau goon muss, harr Oma den Etenketel, de Kaffeekruken un den Brotkorf al packt. Eener von us, oder uck wie beide, morschieren dormit los den Weg hoch no'n Torfmoor. Dor töben us Papa un Opa al, hungrig un dorstig von de Arbeit in'n Torf, up us.

Disse Middagstieden in Moor up de Torfkant mit Papa un Opa kann ik nich vorgeten, de Kukuck rööp, de Vogels sungen, de Gnidden un Fleegen brummen un dat Woter gluck's in'n Torfpott un up'n Konol.

Dor wor toer's nee veel bie snakt, de beiden Torfmoker's »eten wat obern Dumen«, dat heet se sneern mit eer Messer jümmer Schieben von Brot, Mettwurst un Schinken af un schöben de in'n Mund, dorto hölen se uck de Kruken oberkopp vor'n Hals un drunken »Kaffee«. De »Kaffee« weer ober bloot swatten »Muckefuck«, een Kaffee ut Roggen un Zichorien, wie holen emm von Martin Schoster, den »Lindes« in de blauwitten Tuten.

Papa geef us Kinner jeder een Himbeerbontje. No'n Eten kneep Papa sick een Beendhalm af un töög emm dör de Piep, dorno stick he den Toback an un smök. Opa harr keen Piep, de smök korte Stumpen von »Dieterle Dunkel«. Den wor lacht un vortellt: »Na, wie weert vondog in'ne School? Wat mokt Mama un Oma?

Uck de beste Pause güng vorbie, meist heppt wie noch een beten hulpen un Torf umdreiht. » Dormit de annere Siet uck natt weern kann«, lach Opa. No'n tied lang sünnt wie den mit Korf un Ketel woller no Huus dudelt, dat geef jo soveel to kieken an'n Weg.

To de Tied is jo noch veel vortellt worn, de Lü'e un de Kinner snaken tohoop. Up dat jümmer al stimmt hett, weet ik nee.

Dat weer in'n Sommer bie een Grootbuern an den langen Middagsdisch, al seten dor umto, de Fomilie, de Kinner, Mägde un Knechte un de Daglöhner. De ole Buer seet too'n Koppenn an den groten Disch. Dat weer een hitten Dag in'ne Hau'etied, al sweten vor sick hen.

De Buer weer mit sien Eten, un dat for sien Lü'e, nee so krür's un genau. Al'ns wat dor weer un wech muss, kööm up'n Disch.

Nu geef dat een gewaltigen Iesenpott vull utgepollte gröne Arfen mit »griesen Jung's«, dat sünnt Klüten ut Bookwetenmehl. De Suppen weer mit dicken gestriepten Speck kookt. De harr noch jümmer ünnern Böön up de Deel an de Speckspieln in'n Rook hungen. De Rook weer nich oberall henkomen, de swatten Brummer harr'n Eier afleggt un de Speck fung an to leven.

He muss wech! De grote Pott stünnt bie'n Buern up'n Disch, al harrn eer'n Teller un Leepel vor sick. Se falten de Hann un de Buer seggt: »Jesu, sei unser Gast und segne was du uns bescheret hast. Amen!« He nööm den groten Sleef un röör de Suppen ornlich no links um, – den no rechts un höl dorjegen.

De Sleef is rund vull mit de witten Speckwürmer, een poor zappelt noch. Rin bie den Buern in'n Teller un dat Schmatzen fangt an. Dreemol mok he sien Teller leddig, for emm een Festmohl: »Geit runner wie Öl«, meen he.

De annern Lü'e an'n Disch töben jümmer bit de Buer ornlich tolangt harr un de Pott blank fischt weer. Se langen jümmer vorsichtig an'n Pottrand un nömen uck nich to veel.

Dorto geef dat Buernbrot ut'n Backoben, dor langen se al düchtig hen.

De Buer seggt jümmer: »Blieft mie wech mit dat ole dröge Brot, dat kaut sick slecht un rüüscht swor dör mien Hals.« He harr uck bloot's n och een Tähn un sien Bitt weer blank. Dorum eet he an'n Leevsten so'n beten lichte Schonkost!

Lüttje Jan un de Football

No'n letzten Krieg, anfangs de 50iger Johrn, at de slechten Tieden sinnig woller beter worn, leben in'n Dorp Düwelsmoor veele Menschen, de ut eer angestammte Heimot vor den Krieg, Gewalt un Vorbreeken un luter Angst utnei'en mussen. Up de Buernhööf, de groten Deelen un in de Ställe un bie'n Torfwerk in'ne Logerbaracken harrn se een Dack obern Kopp funnen. Disse Lü'e arangiern sick in'n Dorp, se arbeiten bi de Buern un up'n Torfwerk, to doon geeft jo genog, jed'een bo'e sick wat up.

Arbeiten weer ober jo nich alles, de Lü'e wullen uck mol Spoß hebben, sick freuen un lachen, sick bewegen un Sport moken – so oder so! To de Tied harrn de Dorpsvereine eenen gewaltigen Toloop un veel ne'e Mitgleeder kömen to jemm. Ik denk dor an usen Schützenverein »Torfteufel« bi Jan Schoster an de »lüttje Reeg« un an us örtliche Füerwehr, – ik weet wol, se is keen Verein – ober dor weern veel Lü'e mit Eifer dorbi.

Un denn harr sick uck noch een Footballverein neet grünnt, de heet »Teutonia Teufelsmoor« un speel in grönwitte Hemden toerst bi Hof Lütjen Nr. 8 up de Brinkweid an'ne Dorpstroot, loter hen weer eer Platz vorn bi de Hammbrügg. De Balken mit dat Vereinsemblem stünnen dor noch lang an de Infohrt, bit in de 60iger Johrn, do geef dat dissen Verein al lange nich mehr – worum, wer weet dat?

Dor weern veele gode Footballer bi, de sünnt denn no annere Vereine goon. De meisten in't Noberdorp to »Blau-Witt Bornriehe«. Dor wor to de Tied al hochklassigen Football speelt. Hans »Hexe« Wendelken ut Düwelsmoor speel dor alles an'ne Wand un mook Tore wie an sien Fließband up'n Torfwerk. He föhr dor den »Sammler«, de grode Moschin to'n Uploden von witten Torf. Hans dat weer mien Vorbild, ik, de lüttje Jan, weer wol so bi twolf Johr olt un »verrückt« no Football.

Bi Schoolmester »Hannes« Steffens bolzen wie in jede Pause up'n Schoolhoff oder vorn an Torfmoor, to annere Tieden up de Weiden, usen Sandweg un de Hoffsteern. »Afseits« geeft nich un dree Ecken geven ee'n Olbenmeter – ganz eenfache Regeln. De Bornriehster Jungs in mien Oller kömen mit Rad jümmer bi us vorbi non'n witten Torf, se wallen de langen Strecken ut un vordee'n sick Taschengeld.

So hebbt wi us kennenlehrt. Ik weer domols noch smächtig von Statur un drof in'n Verein noch nich speelen, mien Papa un Opa meenen jümmer: »De haut di de Knoken kaputt, de Jung schall up'n Hoff mithelpen un sick ne up'n Footballplatz afmarachen!?«

So weer dat Gesetz! Ik harr ober mien Ball un heff alleen ööft un speelt, jümmer an de Schüünwand un den trüch geballert. Ober jede Week harr jo eer'n Sonndag, dor freu ik mi jümmer up un denn lööp ik no'n Middag los no'n Torfwerk an de Gleisen un denn Moorgroben hoch no Verlüßmoor, dor de Stroten lang bit no'n Footballplatz bi Postel in Bornriehe.

Dor töben mien Kumpels all up mi un wie hebbt us blau-witten Helden speelen sehn, meistens hebbt se gewunnen, »us Hans Hexe« mook alle platt.

Intritt bruken wie nich betohlen, wie sammeln de leddigen Buddels tohoop, dor geeft uck noch een Ies bi to. Wat weer dat for een »Spiejöök«. Wenn dat Spill to en'n weer, denn hör de Platz us too'n Bolzen un Ackern, dor wor al's nospeelt, wat wie de »Groten« afkeken harrn.

Dat weern de besten Sonndoge in mien Jungstied, se hebbt mi prägt un ik will se nich missen. Ik stoh hüüttodoogs noch bi jede Gelegenheit up'n Sportplatz bi Postel in Bornriehe, am leevsten jümmer Sonndagnomdags.

In'n Sneestorm

Dat gifft jo mennigmol so wunnerbore Soken, dor denkt man bloots: »Wie kannt angohn?« So is mi dat uck posseert. Vor gor nich lange Tied hebb ik 9 Upsätze ut min Schooltied von Swoger Hartmut kregen, al de Originole von 1964 bit 1966. De harr ik emm in junge Johrn mol utlehnt un he hett se fein behott upwort. Dor, no mehr at foff-tig Johrn, nochmol in to lesen un to stöbern, weer mi een reinet Vorgnögen.

De Upsatz Nr. 9 mit Dotum 24. Febr. 1966 hett mi dat andoon un ik schrief emm nochmol neet up, nu ober up plattdüütsch.

He heet »In'n Sneestorm« un is so posseert bi us in Düwelsmoor in'n Februar 1966. An'n vorgangen Dingesdag weih een scharpen un sneidigen Ostwind. Dat weer ieskolt un he dreef grode Sneemassen vor sick her. Morgens, at ik mit Rad no School föhr, harr ik den Sneestorm liek von vorne. Mennigmal wirbeln mi de Flocken in'ne Ogen un ik kunn slecht vorruut kieken, kööm toletzt ober good in de School an.

In de Pausen bleben wi in de warme Klass, buten weer dat to kolt un de Flocken susen an de Fenster vorbi. Middogs harr ik den Wind up'n Puckel un bruus mit min Rad dör de Sneebulten, de stööf man so bisiet.

Dat snee den ganzen Nomdaag un de Nacht hendör. Annern Mor'n, at ik upstünnt un ut'n Fenster kieken wull, keek ik jegen een Sneemüer de bit an us Strohdaak recken deer. As ik bi Oma an'n Kökendisch seet un hitte Melk drunk, hör'n wie in'n Radio, dat eenige Bundesstroten sperrt weern, de Sneebarge legen to hoch. In Bremen kunnen enkelte Strotenbohnen un Busse nich mehr föhrn. »Dor kann ik mi jo al mol up wat instellen«, segg ik to Oma un keek up de Kökenklock.

De dicken Steveln antogen, de Pudelmutz ober de Ohr'n, de Schooltasch ut de Eck un los güng dat in'n Snee. Mi'n Rad leet ik gliek in'n Huus un stapp los no de lüttje Reeg.

Ut'n Hüddel kömen twee Lichter jümmer nöger, dat weer »Jan Fofftein« mit sien Deutz un de Melkwogen, um de Kannen aftoholen. »Moin Jan«, rööp ik luut. »Moin Jan«, wullt du mit us köömt torüch von'n Trecker. Ik klatter bi Jan un Gerda Wendelken up eer'n Deutz. Beter güng dat nicht, so kööm ik fein dör den dicken Snee no us School.

Dor weer een mannshogen Sneebarg tohoopweiht. Wie Jungs schüppen de Döör free un groben Gänge un Höhlen in den

Barg. Eenige Schoolkinner weern ober uck nicht dörkomen. In de grode Paus toben wie in'n Snee un rullen dicke Kugeln tohoop, dormit bo'en wie in'n Schoolgorden an'ne Dorpstraat ee'n stattlichen Sneemann.

Middogs weih de Snee jümmer noch tosomen, an'n Nomdag schüppen min Papa Hinnerk un ik usen Huusdamm woller free. Dat hör ganz langsom up to snee'n.

In de School harr min Kumpel Hermann Wellbrock mi vortellt, dat gustern up een Moorweid boben an'n Bargschütt een lüttjet belgisches Sportflugzeug notlandt weer. De Pilot harr in den Sneestorm sien lieken Weg verlorn. He weer mit sien Fleeger up de Nees flogen, de Propeller weer total vorbögt. De Pilot harr veel Dusel harrt, he weer dor heel bi bleben un tofoot bi Wellbrocks up'n Hoff ankomen.

Dor harrn se de Polizei anropen un emm een Taxi no'n Bremer Fleegerhoben bestellt. Se snacken een beten englisch un mit Hann un Fööt tohoop. Sien Fleeger leeg boben in'n Moor an de Torfkant.

Anner'n Morgen föhr ik woller mit Rad no School, de Stroten weer freerüümt worn, man kunn woller vorkehrn. De Sunn keek uck dör de Wulken un us Schoolmester Steffens wull mit sien Schöler tofoot no'n Bargschütt lopen. So'n Utflüge hebbt wie foken mol mokt, wenn in'n Dorp wat to kieken geef.

No de tweete Stunn sünnt wie loslopen, jümmer de Dorpstroot lang un bi Wellbrock den Moorweg hoch. Dor leegen noch hoge Sneebulten un wie harrn us Steveln bald vull.

No een lüttje Stunn kömen wie an de Weid mit den twei'en Sportfleeger an, de harr een rot un witte Lackierung. Beide Flunken weern anknickt un de Propeller wör vorbogen. Torfeer un Snee hungen dor andool. De Döör weer open, wie Jungs kunnen rinklattern. Wenn wie an den Stüerknüppel tögen, beweeg sick achtern dat Höhenruder.

An'n leevsten wörn wie wol dormit losflogen, dat weer wat for de Schoolkinner ut Düwelsmoor.

Up'n Trüchweg funnen wie noch Spor'n von grode Steveln in'n Snee, de weern von de beiden Polizisten ut Osterholt. Middags woller to Huus an'n Kökendisch geef dat vor mi ornlich wat Nee's to vortellen. Min natten Strump un Steveln drögen al an'n Kökenherd un de Fööt worn langsom uck woller warm.

Een Priem helpt jümmer

Kennt ji noch een Priem, den Prüntje, den Swartenkrusen oder up hochdüütsch, ein Stummelkanten Kautabak. De Kautabak word domols in de Fabriken in Rullen presst un in een saftige brune Brühe afsopen, de allerlei »medizinische« un gode Bestanddeele in sick harr. Wat dor ober binn weer, wuss keen Mensch, dat bleef Fabrikgeheimnis.

De Lüe mit een Priem achter de Kusen vertellen dat de Brühe eer Teenen desinfizier, se worn nich so licht fuul. Uk kregen se mit eer'n Prüntje nich soveel Dorst.

Jan vom Moor un sien Gesellen ut Düwelsmoor, dat Land twüschen Beek un Hamm, de priemen uk gern un veel, se speen den swattbrunen Saft in hogen Bogen ut. Wie ober so een Priem anners uk noch helpen kunn, dorto will ik nu een Anekdote vortellen de sick in Düwelsmoor an'n Torfpott todrogen hätt.

Fröhmorgens stünd Jan mit sien Fro Line al an de Torfkant boben in'n Moor, bit too'n Düsterweern schulln twee Pott Torf an un up't Land broch weern. Jan steek un smeet emm ut'n Pott, sien Line pack den Torf up de Schuufkoor un vordeel emm upt Land too'n Drögen.

Dat Priemen, wat Jan sick so dull anwennt harr, gefull sien Linchen gornich, dor se den scharpen Geruuch von de swattbrune Sosse ut sien Mund, bi een vordeenten Söten, nich vordreegen kunn. Um sien Vorspreeken to holn, mit de Priemeree uptohörn, harr Jan sien Blickdöös mit een frische Rullen tohuus in'n Kökenschapp lingen loten.

Bit kort vorn Middag höölt Jan dat dör, denn kunn he sien Smacht bie'n besten Willen nicht mehr ünnerdrücken. He stell den Torfspoden up de Siet, wisch sick den

Sweet von'n Kopp un mook een truhartig Gesicht. »Wat is denn mit die los, is die slecht worn?«, frog sien leewe Linchen. »Loot dat man sachte angohn! Wie Beiden kriegt de twee Pott wol hüt noch ruut!

Oder fehlt die anners noch wat? »Linchen, du hest dat rutkregen, mie is ganz slecht toweg! Hüt Morgen as wie twee ut'n Huus gohn sind, hebb ik mien Döös mit de Priem in'n Köken schapp stohn loten. Du deist mie'n groten Gefall'n un bringst se too'n Middag mit!«

»Wenn't wieter nix is, mien leewe Jan, denn Gefallen will ik die gern doon!«

Line lööp no Huus hendol un stünd non gode halwe Stunn mit Middageten un de Blickdöös woller an'n Torfpott. Non Middag up de Moorkant steek Jan sick een dicken Prüntje achtern Kusen un hau den Spoden in'n Torf. »Nu geiht dat jo woller beter,« meen Line.

So kunn de Priem in Jan sien dicke Backen düchtig bien Ruutsmieten helpen! Bie eer swore un langwierige Arbeit in'n Moor bruken de Torfbuern eere Pausen un dorbi speel de Toback een grode Rull.

De Priem, de Kautobak köm loterhen, so to End de 50iger un in de 60iger Johrn ut de Mood. Piepentobak korte Zigarrnstumpen un de Zigaretten setten sick dör, uk weil Jan vom Moor sick dat nu leisten kunn. Dorum geef dat in'n Torfmoor, up de Schippgröben, Beeke un Hamme uk veel »Blauen Dunst«.

De Tied no Wiehnachten

Wiehnachten weer in mi'n Kinnertied jümmer schöön un kommodig, jedenfalls nu bi'n torüchdenken. Mit Oma un Opa, Mama un Papa un mi'n lütt Swester hebbt wie dat Wiehnachtsfest op usen Buernhoff in Düwelsmoor meisttieds in'ne warme Köken un Stuuv gemeensom tobroch. Dat Veeh vorsorgen, dat Fodern un Utmesten un de Keuh melken hörn dor so mit to, ober dat lööp al sinnig. Ober eben so gern denk ik an de Tied no Wiehnachten bit to Neejohr, de »Tied twüschen de Johrn«.

De weer so ganz anners un besonners at de restlichen 51 Weeken in'n Johr. Meist so, at wenn de grode Klock mit er Gewichten un dat Pendel op'n Flur nu sinniger lööp un slög. Keener harr dat drock un ielig, so at to anner Tied jümmer. Oma un Mama seten in'ne Köken un passen den Eteenpott op, de grode Disch leeg vull Tüüg un Klomotten, de keken se nu in aller Ruh dör un flicken un prünen de koputten, tweien Steern. Opa seet op weeke Kussen in'ne Bank, lees de Zeitung un smök si'n korten Zigarrnstumpen.

Se lachen un vortellen sick de Begebenheiten ut dat ole Johr, dor kööm veel Spijöök bi togange. Papa Hinnerk weer op'n Flur an dat ole Schatoll un soch de Popiern un Reeknungen von't Johr rut, um se in'ne warme Stuuv to sortiern. He mok Johres schlussrecknung un dor full veel Oltpopier bi af, wat si'n Deenst don harr.

De olen Popiere, dat weer wat for us Kinner, dor weern wie scharp op. Op de Achtersiet kunnen wie no Hartenslust kritzeln, molen un schrieben leern. Borgeld weer knapp, dat geef nich eenfach eenen Block oder ‚n ne'et Heft, alles wor to bruukt, so güng »Nachhaltigkeit« domols.

Wie Kinner legen bi Papa half ünnern Stuvendisch op'n Teppich, platt op'n Buuk, un molen Billergeschichten achtern op de olen Reeknungen. Wie weern ganz lies un tuscheln bloot ünner us, wie wullen Papa nich störn.

So kommodig weer dat, de Wiehnachtsboom drööm still in'ne Eck un de bunten Teller geven noch allerhand her. Non Middageten in'ne Köken weer Middagsruhe.

Af Klock twee worn Röben, Hau un Stroh ut de Schüün op de Deel holt un Torfmull dördreiht. De Winterdog sünnt kort, no de Koffeetied güngt op de Deel un in'n Stall, fuddern, utmesten un melken. De Keuh un Beester kömen jümmer an erste Steer.

Mi'n Swester un ik weern op de schummerige Deel dorbi, wie speeln Vorsteeken twüschen de Kornsäcke achter de Doschmoschinen un in de Hau- un Strohbarge. Wat harrn wie een fein't Leben, in de Stuuv knister dat Torffüer in Oben un ut us »Loewe Opta«-Radio kööm een plattdüütsch Hörspeel, dat hörn Opa un ik so gern.

Noher sünnt wie tofreer un wohlig in us Betten krabbelt, mit ee'n Warmsteen toon Footenn. An de Butenwand weer Ruuchriep, dor kunnen wie mit de Finger in molen. Annern Morgen weer us Oten an de Beetdeeken fastfrorn ober wie hebbt fein slopen.

Dat harr sneet un weer bitterkolt buten, non Fröhstück töög us Papa si'n dicken Mannel an un sett de Mutz mit de Ohrnklappen op. He güng den Huusdamm hendol no'n Loden von Martin »Schoster« um de Monotsreeknung un een Rest Gemeendegeld to betohlen. »Mit Schullen goht wie nich int ne'e Johr«, meen he.

Opa Jan weer op de Deel togang, de Keuh eerkauen un hölen dat warm, he harr eenen ne'n Riesbessen bunnen un sett emm op'n Steel. Oma un Mama harrn den Kökenherd mit swatten Torf bullenhitt mokt, se harrn wat ganz Feines in'ne Gänge.

Oma seet mit dat smeerte Waffeliesen an'n Herd un hööl dat ober't Füerlock, denn klapp se dat utenanner un Mama rull de fertigbackten Waffeln to Krüllkoken oder ok Neejohrskoken tohoop un pack se in de hogen Blickdösen. Denn füll se woller Deeg op dat hitte Iesen.

»In'ne Köken rüükt dat wie in'n Paradies«, grien Opa un klau sick gau een Koken. »Hau af du Sleef«, schimp Oma. Wie Kinner keken us an un grienen, usen Deel harrn wie al wech, an'n Wiehnachtsboom hungen ok nich mehr veele bunte Kringel.

So güngen de sinnigen, de »besonnern« Doog twüschen de Johrn goot hen. Ik wünsch ju al een godet ne'et Johr.

De ole un de nee Torfkant in Düwelsmoor

Ik bin 1959 in us Dorpschool an de Düwelsmoorstroot inscholt worn. De School weer 1950 mit groden Opwand un veel Gründung op natten un wackeligen Moor- un Torfbodden in de Mitt von Dorp Düwelsmoor nee boot worn.

Dor güngen nu al Kinner ut´n Dorp too'n Unnerricht bi Schoolmester Johannes

Steffens. Vorher geef dat noch twee Schol'n, de in Nedderenn weer afbrennt, de in Oberenn-Günnemoor is sloten worn, Huus un Schüün stoht dor ober noch.

Us ne'e School stünnt jo dicht an de Düwelsmoorstroot, ober uk mitten in'n Moor mit Utkiek op de hoge Torfkant, de hör mit den Weg un dat Moorland achtern to denHoff Finken Nr. 13, dat weer de grote Buernhoff op de annere Strotensiet in de Hammwischen. De Hochmoorkant tög sick twars vorlang bit an den Grenzgroben no Hoff Finken Nr. 12. – »Hinnerk Baron«, – dor geef dat uk eenen Weg anlangs no School.

Anna, de Fro von Schoolmester Steffens, stamm von den Hoff Nr. 12, de is leider an´n 8.Mai 1967 afbrennt. Ik hebb dat Maleur mitbeleeft, dat is aber noch een annere Geschichte. –

Bit wiet in de 60er Johrn weern de Torfkuhlen un Torfbänke »Ruck for Ruck« verpacht an al de Lüe, de drögen Torf in'n Herd un Oben toon Hitten bruken. De kömen ut'n Dorp, Weyerbarg, Scharmbeck un Bremen, also von »Wiet un Siet«. Se kömen mit »Kind und Kegel« an de Weekenenn un steeken Torf for eer'n Bedarf.

In de 70er Johrn weer dat vorbi,- dat Heizöl weer ja so'o billig! De Torfkuhlen un Torfkanten harrn utdeent, Barkenbööm, Busch un Bickbeern wuchern alles to.

In us Schooltiet weer'n de Torfkant, de Beentfelder, de Barkenbusch, een Moortümpel un de freén Drögplacken de allerbesten Speelplätze in Sportstunden und Pausen, »Räuber und Schandarm« stünnt hoch in'n Kurs. Wie harrn »Natur vor de Döör,« op den opgeföhrten Sandplacken an de School speelen wie Brennball, Völkerball un Football, weil de glatt un eben weer.

Dat güng ober op Kosten von veel Fensterschieben, de hebbt wie nomdogs sülvst woller insett. Ee'n Speelplatz for Kinner gifft dat seit de Speelkreistiet in us School dor jümmer noch un de Torfkant mit Torfkuhlen gifft dat seit 2010 uk woller un dat kööm so!

Mit mi'n Lüe von den Verein Dorp Düwelsmoor e.V. hebbt wie us 2009 wat oberleggt, nämlich eenen bäuerlichen Handtorfstich an den Originalplatz woller intorichten, toon Opklären un Vorwiesen. »Sech un doon«, in'n Winter hebbt wie Dorpslüe den Busch un de Barkenbööm afsoogt un dat Land free mokt. Dat Land hebbt us Vereinslüe Cord & Helga Wattenberg to Verfügung stellt un de Landkreis Osterholt hett us dat genehmigt.

In'n März 2010 wor de Busch afföhrt un mit Karl Heinz Meyer si'n Bagger de Stubben utreten, in'ne Eck op'n Bulten packt un de Moorplacken grob planiert. De »Meyer's« hebbt een lüttje Brüüch boot un mit den Bagger obern »Stadtgroben« sett, nu kunnen wie dor mit Torfkoor un Speetgeschirr hen.

Mi'n Vadder Hinnerk un Opa Jan harrn mi dat Arbeiten mit Torfspeetgeschirr op usen Hoff in´n Moor noch gründlich bibrocht. In´n April un Mai 2010 hebb ik mit mi'n , »Mackers« von Verein Dorp Düwelsmoor e.V. dor Torf »mokt« un in'n Sommer drög kregen. De dröge Torf kööm in'n Harfst bi die School ünnert Schuur. De

School heet nu: »Kleines Haus im Moor« un steiht for Besöök open. –

De »Meyer's« hebbt Torfgleise un een Torfwogen toon Kippen ut Gnarrnborg besorgt un opt Torffeld utleggt, an'ne Dorpstroten wiese een Schild op us hen, de Besöker toon Ankieken un Vorklorn weerd mehr.

2014 hebbt wie mit Lehrer Schröder un Jakob un eer BBS-Klaas mit Timmerlüe & Dachdecker een grodet Immenhotel ut Fachwark an de Torfkant opstellt, op dat Fundament von de«Meyer's«. To Pingsten 2015 hebbt mi'n Fro un ik de Gefache mit Reith & Bambus, Stroh & Schelp, witten Torf, Locksteen & Holzklötze utfüllt, veele Löker bohrt un engmaschigen Kükendroht stramm vortackert, anners holt de Specht dor alles woller rut. –

De Stubbenbarg mit Brennnetteln umto is dat »Naturhotel«, in´n Torfpott sitt de Moorpoggen un allerlei Libellen schweft umher. Hier begegnet sick Mensch un Natur ohne Maleschen.

De Menschen schätzt un schützt de Natur am besten, wenn se eer dichtbi kennenlehrt un verstoht. Dorto mutt man de Menschen dor ober uk henloten, un nicht de Wege sperren. »Natur mit Menschen«, un nicht von »Boben« diktiert! –

Us Besöker sind jümmer begeistert, vor all´n de Kinner, de dat Moor nicht kennt. In´n Sommer mokt wie jümmer twee Dog »Ferienspoß an´ne Torfkant«. Denn sind Kinner ut Weyerbarg, Scharmbeck un Düwelsmoor bi us to Gast. In lüttje Gruppen streift se obern Moorpadd, sökt wille Deerten mit'n Fernkieker, steekt mit mi Torf un schuuft mit den Gleiswogen op dat Drögfeld.

Twischendör snakt wie een beten plattdüütsch, ee't Botterkoken, Bookweten-Plinsen mit Bickbeern un Brotwust mit Brot.

Dat Beste kummt too'n Fierobend, – op Kommando stürmt de gesamte »Kinnerbande« op een Bulten »witte« Torfeer un wöhlt dat unnerste no boben, se sökt un findt de bunten »Schatzkugeln«. So hebbt se al een Heidenspoß un föhrt glücklich un dreckig mit eer Ollern no Huus.

Eenige Kinner sind al dat dritte Johr darbi. Wie hebbt de Arbeit hat, sind een beten möö'e, ober glücklich un tofreer, dat hett woller Spoß mokt!.

Een Swulk mokt noch keenen Sommer!

Ober wenn de Swulken dor sind, denn is Sommer. Wenn de Swulken sik sammelt un woller weg fleegt, denn kummt de Harvst.

Dat is for mi jümmer de beste Tiet in'n Fröhsommer, wenn de ganze Natur woller grön un bunt is. So eenen besonnern Dag un Dotum weer op usen Buernhoff in Düwelsmoor jümmer dat Pingstfest.

De Keue, de Jungbeester un de Peer löpen buten op de Weiden, de Ställe un de grote Deel weern leddig. Een ganzen Dag worn de Stall un Deel reinmokt, schürt un mit veel Woter fegt un schrubbt, de Fenster wuschen un toletzt alle Wannen mit Kalkmelk witt anwitschert.

Dissen eenmoligen frischen Geruch heeb ik noch hüüt in min Nees, wenn denn uk noch de gröne Barkenbusch to Pingsten dorto kööm. Und dat weer so eene Stille un Ruhe wenn man ober de leddige Deel güng.

De Ruhe weer ober vorbi wenn de Rookswulken intögen, denn weer dat een Gezwitscher un Gewusel op de Deel wenn us fleegenden Sommergäste eere Nester boen.

Min Vadder Hinnerk harr eene Schieben von't Stallfenster rutnomen, dor susen se jümmer rin un rut, hen un her obern Hoff non Moorgroben ünner de Eekbööm. An'n Woterrand trippeln se mit eer lüttjen Fööt op de weeke Potteneer un picken dorin rum, jümmer so 10 bit 12 Swulken op eenmol.

De Rookswulken kennt man an eer rotbrune Steern un Kehl un den deepen Gobelsteert. Se boot jümmer ünner Dack un fröher uk boben in'n Rookfang op'n Flett. Dor hebbt se eeren Nomen kregen.

Buten an'n Huusgiebel ünnern Dackoberstand dor boen de Mehlswulken eere dichten Rundnester mit dat Ingangslock. Wie kennt se an eer witte Kehl un Buuk, de Steert is kort utgobelt. Weil se so witt sind heet se Mehlswulken.

Ik heff mi dat al ankeken un to Vadder seggt: »Kiek mol Papa, de Swulken freet Grobeneer.«

»O nee, « anter Vadder, »Kiek mol genau hen!«

»Komm, wie wüllt mol tokieken wie se eer Nester boot.«

Wie güngen op de Deel, dör dat Fensterlock flogen se jümmer rin un rut, se stöten nicht eenmol mit eer Flunken an. Eerklütjen un fine Halme dregt se in'n Snobel, sett sik dormit op den Nestrand un boot de Wand höger. Half is een Nest all fertig, dat annere meist ganz.

An jedeen boot een Pärchen, dat sind wol mehr at tein Nester in'n Stall un op de Deel. Een Nest is jüst anfungen; doran word nich boot, dat mutt erst drögen bit dat wietergeiht.

»Kiek mol, min Jung, dat sind use Swulken!« seggt Vadder. » Do jemm nichts un pass god op se op! Se bringt Glück int Huus.« –

»Wat de Swulken könt, kann ik uk,« meen ik Slaumeier un güng non Groben hen. Dor hol ik een groten Batzen Eer rut un kneer emm mit beide Hannen torecht. Denn boe ik an de Stallwand uk een Nest, jüst so rund un groot at een Swulkennest. »Dor könt uk welke inteen,« meen ik. Dat sitt god, keen Katt kann doran, un Regen uk nich. –

At ik an'n annern Morgen ober de Deel kööm, dor leeg dat Nest tweibroken op de Eer. Dat harr nich holen. »Ik harr di dat gliek seggen kunnt,« lach Vadder.

De Swulkennester ober fallt nich af, weil de Vogels eeren kleberigen Spee twischen de Eer mengt heebt. Dorvon weerd se fast at Müürmörtel. Dat hebb ik domols noch nich wusst.

Mit de lüttjen Swulken weer jümmer reget Leben op de Deel un op'n Hoff, se moken allerdings uk veel Dreck, ünner de Nester legen Pappen oder wie streuen dor Sand. –

De Swulken kunnen uk dat Weer vorrutseggen, flögen se hoch boben an'n Heben, so bleef dat drög mit Sunnenschien, als Hauweer. Flögen se unnen dicht ober de Eer, so geef dat Regenweer.

Se vertilgen Unmengen an Fleegen un Gnidden ober de Sommertied, vor allen wenn eere Jungen utflogen weern un uk mitmoken. Twee- bit dreemol hebbt se in'n Sommer 4 bit 5 Junge utbrüüt. –

So güng de Sommer int Land un al de veelen Swulken sammeln sik in grote Schwärme.

De Telefondraht seet dicht an dicht voll mit Swulken, de wie wild zwitschern un sik wat vortellen. In'n September weer dat woller sowiet, se versammeln sik to eere grote Reise no Afrika, wie jedes Johr.

Un jedes Fröhjohr to Pingsten kiekt wie no de lüttjen Swulken, us »Glücksvogels«, woller ut. Hoffentlich koomt se gesund woller!

Wer eenen Stall, Schuppen, Garage oder noch eene Deel hett, - mokt jemm doch een Fenster open. Wat is een beten Dreck gegen ganz veel Glück?!

Dat weer eenmal …

… een Määrken von de Bröder Grimm, bi us un in de ganze Welt bekannt, gern lest un hört. Ik heff dat tofällig woller funnen in us Schoolleesbook 65 von den Hermann Schroedel Verlag KG in Hannover.

Bi dat Stöbern un Lesen dorin wohrn Erinnerungen wook un de lang vorgeten Kinnertiet kööm in bunte Farven woller vor min Ogen.

Ik heff de Bremer Stadtmusikanten dörlest un mi kömen Gedanken dorto: Disse ole Geschichte mit de Deerten op de Flucht is noch aktuell, wie ok jümmer man se vorsteiht. Dat utneihen vor den seekern Doot, ünnerwegs tohoopholen, sik een Tokunft utmolen un mit jedeen sien Kraft gegen de Obermacht von gräsige Räuber to wehren un bestohn. Dat is so aktuell, de Räuber sitt nu al in de höchsten Kreise op us schöne Eer un drieft slimme Speele. Dat gote Enn, wie in'n Määrken, is leider selten worn!

Ik heff dat Määrken op plattdüütsch torechtmokt, wüllt mol sehn, wie sik dat anhört, nu in de kommodige schummerige Obendtiet is dor wol Gelgenheit to.

De Bremer Stadtmusikanten

Dor harr een Buer eenen Esel, de al lange Johre de Säcke unvordroten no de Möhlen drogen harr, dessen Kräfte ober nun to Enn güngen, so dat he to Arbeit jümmer weniger to bruken weer. Do dach de Buer doran, emm ut dat Fodder to nehmen. Ober de Esel mark, dat keen goten Wind weih, lööp dorvon un mook sik op den Weg no Bremen: dor, meen he, kunn he jo Stadtmusikant weern.

As he al een ganze Wiel ünnerwegs lopen weer, fund he eenen Jagdhund op den Weg lingen, de japp un snöf wie eener, de sik möe lopen harr. »Na, na, wat jappst du so, Wotan?« frog de Esel. »Och«, jaul de Hund, »weil ik olt bin un jeden Dag swacker werd, ok bi de Jagd nich mehr vorrutkoom, wull min Herr mi doot sloon, dor hebb ik Rietut nomen. Ober womit schall ik nu min Brot verdeenen?«

»Weest du wat?« meen de Esel. »Ik goh no Bremen un werd dor Stadtmusikant. Goh mit un loot di ok bi de Musik anstellen! Ik speel de Rietfiedel, un du haust op de Pauken.« De Hund wört tofreden un se güngen wieter.

Dat duer nich lang un dor seet een Katt an den Weg un mook een Gesicht wie dree Doog Regenweer. »Na, na, wat is di denn in'ne Dweer komen, ole Bortputzer?« segg de Esel. »Wer kann dor noch lustig sien, wennt eenen an den Krogen geiht,« anter de Katt, »weil ik nu in'ne Johrn koom, min Teen stump werd un ik leever achtern Oben sitt un spinn, as no Müüs achterno to jogen, hett de Fro mi afsupen wullt, in'n Sack in'n Schippgroben. Ik kunn twars noch jüst utrieten, ober nu is goten Root düer: Wo schall ik hen?«

»Goh mit us no Bremen! Du vorsteihst di doch op de Nachtmusik mit de Vigelien, dor kannst du Stadtmusikant werden!« De Katt hölt dat for got un güng mit.

Dorup kömen de dree Landesflüchtigen an eenen Hoff vorbi, dor seet boben op dat Door de Huushohn un schree ut Liefskräfte. »Du schreest us jo dör Mark un Been«, segg de Esel, »wat hest du vor?«

»Dor hebb ik extro noch got Wedder vorrutseggt«, meen de Hohn, »weil ›Use Leeven Fro Dag' is, wo se dat Christkindlein de Hemdlein wuschen hett un se drögen will; ober weil morgen toon Sonndag Besuch kummt, so hett de Huusfro doch keen Erbarmen un hett de Köchin seggt, se wullen mi morgen in de Suppen eten, un dor schall ik mi hüüt Obend den Kop afsnieden loten. Nu schree ik ut vullen Hals, solang ik noch kann.‹«

»Ach wat, du Rotkopp«, segg de Esel, »teh leever mit us los. Wie goht no Bremen. Wat Beteres as den Doot finnst du oberall.

Du hest eene gote Stimm, un wenn wi tohoop musiziert, so mutt dat eene Ort hebben.« De Hohn lööt sik den Vorslagg gefallen, un se güngen alle veer tohoop de Landstroot wieter.

Se kunnen ober de Stadt Bremen in eenen Dag nich erreichen un kömen obends in eenen Woold, wo se obernachten wullen. De Esel un de Hund leggen sik ünner eenen groten Eekboom; de Katt un de Hohn klattern in de Telgen; de Hohn flög bit no boben in'ne Spitz, wo dat am sichersten for emm wör. Bevor he inslöp, keek he sik noch eenmol no al veer Winden um.

Dor dücht emm, he seeg in de Ferne een lüttjet Füer brennen, un rööp siene Gesellen to, dor muss gornich wiet een Huus sien, denn dor schien een Licht.

Meen de Esel: »so mööt wi us opmoken un noch hengohn, denn hier is de Herberge slecht.« De Hund meen, een poor Knoken mit Fleesch dran deern emm ok got. Also moken se sik op den Weg no de Gegend, wo dat Licht wör, un seegen dat bald heller schimmern, un dat word jümmer gröter, bit se vor een hell belücht Räuberhuus kömen.

De Esel, as de grötste, güng dicht ant Fenster un keek rin. »Wat süüst du, Grauschimmel?« frog de Hohn. »Wat ik seeh?« anter de Esel, »een deckten Disch vull mit schönen Eten un Drinken, un Räuber sitt doran un loot sik dat wohl sien.«

»Dat weer wat for us«, kokel de Hohn.

»Jo, jo! Och, wörn wi bloos dor!« smacht de Esel.

Dor berotslogen de Deerten, wie se dat wol anfangen mussen, um de Räuber ruttojogen, un funnen endlich een Middel. De Esel muss sik mit de Vorderfööt op dat Fensterbrett stellen, de Hund op den Eselspuckel springen, de Katt boben op den Hund klattern, un endlich flög de Hohn hoch un sett sik de Katt op den Kopp.

Wie dat al fertig weer, fungen se op een Teeken tohoop an, eere Musik to moken: de Esel schree, de Hund bleek, de Katt miaute un de Hohn kreihte. Denn sprungen se dör dat Fenster in de Stuuv rin, dat de Schieben klötern un splittern.

De Räuber schöten bi dat gräsige Geschree von den Disch in'ne Höög, meenen nix anners as de Düwel un sien Hex kömen rin, un rennen mit vulle Böxen in den Woold rut. Nu setten sik de veer Gesellen an den Disch, nöhmen mit dat vorleev, wat oberbleben weer, un eten oder freten, as wenn se veer Weeken hungern schullen.

As de veer Speellüe satt wörn, löschen se dat Licht ut un sochen sik een Sloopstatt, jedeen no sien Natur. De Esel legg sik op den Strohmest, de Hund achter de Döör, de Katt op den Herd jegen de warme Aschen, un de Hohn sett sik boben op den Hohnenbalken.

Un weil se möe wören von eeren langen Weg op de Landstroot, slöpen se ok bald in. As Middernacht vorbi weer un de Räuber von wieten seegen, dat keen Licht mehr in'nt Huus brenn, ok alles ruhig schien, meen de Hauptmann: »Wi harrn us doch nich so int Bockshorn jogen loten musst«, un leet eenen »Freewilligen« hengohn um dat Huus to ünnersöken.

De starkste Räuber fund dor alles still, güng in'ne Köken, een Licht antomoken, un weil he de gleuhnigen, füerigen Ogen von de Katt for glimmende Kohlen hölt, wull he dor een Sweefelholt anmoken um Füer to kriegen. Ober de Katt vorstünnt keenen Spoß, sprung emm int Gesicht, jaul, spee un kratz. Dor vorfehr he sik gewaltig, lööp un wull no de Achterdöör rut, ober dor leeg de Hund, de sprung hoch un beet emm int Been. Un as he ober den Hoff torüch an den

Strohmest vorbirenn, geef emm de Esel noch eenen düchtigen Slaag mit beide Achterfööt.

De Hohn weer von dat Larmen ut den Sloop weckt worn un rööp munter von'n Balken dol: »Kikeriki, kikeriki!« Dor lööp de Räuber, so gau as he kunn, no sien Hauptmann trüch un bolk: »Oh, oh jeminee in dat Huus sitt eene greuliche Hex un de Düwel, de hebbt mi anhaucht un mit eere langen Finger dat Gesicht tweikratzt; un vor de Döör steiht een Kerl mit een langt Messer, de hett mi int Been steeken, un op den Hoff liggt een swart Ungetüm, dat hett mit een Holtscheit op mi losslogen, un boben opt dat Dack, dor sitt de Richter, de rööp: »Ki, kii, bringt mi den Räuber her!« Dor hebb ik bloos mokt, dat ik gau weg kööm.«

Von nun an troen sik de Räuber nich woller in dat Huus. De veer Bremer Musikanten gefull dat ober so wohl un kommodig dorbin, dat se nich woller rut wullen, hier harrn se eere Freeheit.

Veele Lüe hebbt se noch op den Weg no Bremen sehn, an'ne Hamm in Düwelsmoor, an'ne Wümm in Borgfeld un denn in'ne Mitt von de Stadt Bremen. Se hebbt eern Weg mokt! Un de dat toletzt vortellt hett, denn is de Snut noch warm.

Wie koomt een lüttjen »Määrkenwald« un dicke »Hinkelsteen« in de Hammeweiden?

Dat wör de erste Week in'n März 2021, de Föhrjohrssunn keek al mol um de Eck, de Wind word al lauer un mi höölt dat nich mehr in'ne Stuuv op'n Sofa.

De Corona-Pandemie harr us al noch voll im Griff, dorum kunn frische Luft, Sunn un wiete Landschaft blots got sien.

Also jump ik in de Steveln rin, töög de warme Jack an, sett den Hoot op un föhr no de Hammbrüüch in'n Dorp Düwelsmoor. Ik bummel den Knipskasten um minen Hals, güng non Hammöver hendol un stevel los in Richtung Pionierbrüüch, to linker Hand an den »Sülverwald« vorbi, de hett sinen Nomen von de veelen Sülverpappeln ut vorgoone Tiet.

In de 1970er Johrn weer dor eene Boodesteer, de von Deerns un Jungs ut'n Dorp un von de Campingplätze gern nutzt wor. Dor harrn se eere Freeheiten un dat weer heel kommodig. Enerwann wört mit dat lüttje Paradies denn vorbi un ok de Pappeln fullen um oder worn afsoogt.

To rechter Hand süht man over de Weiden de Siedlung Anton-Menke- Weg un de Hoffsteer Tietjen/Kornahrens in Düwelsmoor.

Mittenmang dortwischen in Wehmann's Weiden liggt een lüttjen Mischwald mit Swatterlen, Pappeln, Weiden, Flederbeerbusch un anners wat. Een Urwald, veele Bööm sind afbroken un umfullen, se legt overn- un dörnanner, dortwischen word et woller gröön, een Määrkenwald!

Wie is disse Boominsel dor mitten in de Weiden komen? Ik geev gern eene lüttje Antwort dorop.

Dat is so 1965 weern in'n Fröhjohr, een sunnigwarmen Aprildag in Düwelsmoor, ik wör 12 Johr olt un güng in de 6. Klaas bi Schoolmester Johannes Steffens. Wi, dat weern de Deerns un Jungs ut de Klassen 5 bit 8, »de Groten«, harrn an dissen Dag besonnern Ünnerricht in Heimatkunde un Sport.

Mit Schuufkorren voll Büsche un Strüker, Spoden un Plattschüppen, jeder harr noch eenen Ammer in de Hand, weern wi dör de Weiden von Hoff Nr. 11 ünnerwegs no de Hammeweide. Steffens wör Jäger un sin brune Jagdhund nomens »Greif« weer mittenmang dorbi. In de Weid leeg een groten grauen Sandbulten in Ringform.

In de 1960er Johrn is mit eenen groten Swümmbagger ut de Hamme Sand opt Land spöölt worden. Toon Deel is de Sand afföhrt un op Wege un Hoffsteern vordeelt worn – oder toon Bispill hebbt Soldaten, Pioniere ut Barme mit sworet Gerät de Rampen vor de Pionierbrüüch opföhrt, de Buern harrn domols noch lüttje Trecker.

De Arbeiten hebbt wi us to de Tiet in »Heimatkunde« ok ankeken un eenen Opsatz dorover schreven. Disse Oort un Wies von Ünnerricht hebbt wi jümmer mol geern mokt.

Mit usen Tross bi de »Sandburg« ankomen, hebbt wi us an de Arbeit mokt un al de lüttjen Bööm insett un mit Hammewoter angoten oder ut den Groben. De Groten un Starken hebbt de Löker mokt, de Lütten de Strüker insett un angoten, jedeen no sin Kraft.

Wi Dorpskinner kunnen anfoten un topacken, mit de Hannenarbeit sind wi opwussen. De Idee von Schoolmester Steffens un sine Schöler weer dormit eenen Hegebusch un Schutzwall in de platten buschlosen Weiden for Kanienken, Hasen, Rehe un Fasanen to schaffen.

Den Sommer over harr reegum jümmer een Schölertrupp Deenst toon Angeten, de Busch is prächtig opwussen un hett al de Johrn de Deerten Schutz geven. So sind de Bööm grot worn un bleven sik sülvst overloten.

No 56 Johrn bin ik nu mol woller dor wesen – »wör schön«.

Nu much ik over ok noch eeniger Wöör to de »Hinkelsteen« opschrieven. Disse Steen liegt op eenen högeren Graspuckel mittenmang in de Weide op den mittleren Breenk nöger an de Düvelsmoorstroot (fröher de Querdamm) twischen Siedlung un Hoffsteer Nr. 16 (fröher Nr. 10). De dicken Findlinge wörn dat Fundamentloger von de ole Hoffsteer Nr. 11, domols Semken.

Dat wör eene grote Hoffsteer un dat Huus stünnt höger op eene Warft. Man findt hüüt noch enkelte Tegelsteen un angeköhltet Holt, dit 200johrige Rookhuus ohne Schornsteen is leider restlos afbrennt. De Hoffsteer Nr. 11 (vondoog Nr. 21) is over de Düwelsmoorstroot non Moor hento woller nee opboot worn un hört »Hinni« Wehmann ut Pemmbuddel to.

Ik hebb mi dissen Nomdag heel den frischen Wind um de Nees weihen loten, hebb Biller knipst, ornlich Bewegung in de Natur hatt un bin nochmol deep in de Dorpgeschichte un Vergangenheit induukt.

Man kann soveel ünnerwegs entdecken, man mutt dor blots genau henkieken. »Hoolt ju munter!«

Rhabarberries mit Vanilljesosse is een leckeret Sommereten – oder am Enn doch nich?

Disse lüttje Anekdote ut min Kinnertiet op usen Buernhoff in'n Dorp Düwelsmoor is mi güstern woller vor Ogen un in'n Kopp komen. Min Swester Karla harr ut Hambergen eenen Korf vull Rhabarber mitbroch un us welken afgeven toon Marmelode inkoken mit frische Erdbeern, – oder even as Kompott mit Ries. Zack –, kööm de hitte Sommer in de 60iger Johrn woller vortüüg un de Biller kreisen dörn Kopp.

Ik bin wol so um de 10 Johr alt wesen un ging in de ne'e School an de Düwelsmoorstroot. Dor harrik jo ok gau Deerns un Jungs as Speelfrünn funnen, mine besten Frünn weern domols Ulli Brandt un sine Swestern ut de Gärtneree op'n Torfwerk. Wi harrn bi jede Gelegenheit de Näsen tohoop, un dachen us Speele, drollige Knäpe un Aventüer ut.

Wi stromern dört Moor, overt Torfwerk, dör de Gärtneree, bi us overn Hoff un dör den groten Buerngorden. Dor stünnen ole Appelbööm, Johannis- un Stickbeern, Solot un Kohl, Bohnen un Arfen, ganz veele bunte Blomen un noch anneres mehr. Achtern Huus an'n Feldland stünnt de Backoven ut Lehm mit sin lüttje Overdach, dor umto weern mächtige Blööd von Rhabarber opwussen, de stünnen dor al ewige Tiet.

Nu in'n Sommer harr ik al foken mit Mama oder Oma Rhabarberries kokt, de harrn mi dor ok al mol alleen koken loten un dat Kompott smeck sogor. In de Köken hebb ik veel lernt, ik weer een lüttjen »Pottkieker«.

Dit haarn mine Speelfrünn ok al mitkregen un lökern mi dormit, ik schull jemm doch mol wat koken.

An dissen hitten Junidag schull ut Spaß nu Ernst weern, an Nomdag wull de ganze Bande mi besöken, toon Rhabarberries eten un dorno to Speelen un Jachtern.

Klock 12 wör ik gau von'ne School no Huus hensuust, mit min lüttje Fohrrad lööp dat flott. Ik hebb gau wat eten un denn ging dat los.

Mama harr mi al ornlich Rhabarberstangen afsneden in lüttje Stücken sneden un in den groten Melksuppenpott mit Woter un Zucker op dat Herdfüer sett.

Oma ging denn in eer Sloopkomer un de Annern weern achtern Huus op'n Röbenfeld togange. Min lüttje Swester weer noch bi mi in de Köken un hulp bi'n Umröhrn, op gorkeenen Fall schull ik mi blamiern un de Pott anbrennen.

Nun noch flink den Ries ünnergeröhrt un nix kunn mehr scheef lopen, – dach ik! De Schoolfrünn kömen al mit veel Lachen un Gesnöter de Deel hoch un seten nu um den groten Disch bi us in'ne Köken. Se harrn al bannig Hunger un schnuppern mit eer Näsen in de Luft.

Dor seten se nun, min Fründ Ulli un sine olleren Swestern Ina un Heide mit eere Fründin Gisela, gniggern un snötern un töben op dat »Sommermenü«. Karla, min Swester, hölt de Dör non Opwaschort open un ik sett den hitten Pott op de Kant von't Leckbrett jegen den Gotensteen.

Hier wull ik emm in den groten Puddingkump umfüllen, wi wullen jo nich ut den Herdpott slapen, so veel Benimm schull wesen! Ik langte no den groten Sleef toon Umfüllen un leet eenen korten Momang den Pott los!

De kipp no de Siet un min Kompott swumm in'n Gotensteen, dat Gotenlock weer dichtstoppt, anners wör de Fruchtsuppe no buten in Richtung Moorgroben lopen.

Dat Afwoter wor domols noch direkt afgeven un Chemie speel keene Rolle, wi harrn bloos Ata un Imi.

Karla harr gau de Dör rantogen un keek mi entsetzt an? Over in den Köken lachen se wieter, dor harrn se noch nix von dat Molleur markt. – Wat nu?

Ohne mi lange to besinnen hebb ik den Sleef nomen un ut den Gotensteen den Puddingkump bit boben opfüllt. Dat weer jo alles reinen Krom! So kööm de Kump in'ne Köken op den Disch, mit grotet »Halli-Hallo« in Empfang nomen. Nu noch den Kroog mit de Vanilljesosse dorbi un ik segg: »Goden Appetit, nehmt ornlich Sosse!«

Se hebbt alle düchtig tolangt un bald weern de Kump un de Kroog leddig. Rhabarber hett jo ok sinen eegenen intensiven Geschmack.

Wi hebbt use Snutwarken afputzt un den Nomdag op de Hoffsteer Räuber un Schandarm speelt. Mine Frünn weern al got towege un hebbt sik jegen Ovend hartlich bedankt.

Over bi'n Adtschüß seggen meen Ulli sin kloke un een beten krüüsche Swester Ina doch wohrhaftig to mi: »Du Jan, irgendwie hatte dein Rhabarberreis einen leichten Beigeschmack nach Kernseife!« Dormit weer alles seggt.

Kortuffelferien un Scharmker Harvstmarkt

For veele Menschen in Stadt un Land sind de Wonnemoond Mai, dat Vörjohr un de pralle Sommer jo de besten Tieten in'n Johr, dat is sachts ok so, ik heff over all seit min Kinnerdoog de Harvstsunn, de bunten Blöör, al de Appels, Beern un Plummen, den Neveldook over de Moorweiden un de Spinnwubben in de Heide, so besonners gern.

De Sommer geiht so sachte un sinnig un gifft al sine Früchte as rieke Oornt toon

Besten. Ik bin mitten in'n goldenen Oktober geborn, amangs hett dat wat utmookt, wer weet dat?

Nun denk ik woller trüüch an min Kinnertiet in'n Harvst 1962 – min 10. Geburtsdag stünnt noch an. Wi Dorpskinner harrn Kortuffelferien un opt Feld achtern Roder, Ploog un Egen de goldgeelen Kortuffeln opsoch un in Säcke füllt. De Säcke hebbt min Vadder Hinnerk un Opa Jan ovends mit Peer un Wogen von't Feld holt un in us Schüün utkippt toon Drögen.

Domols weern noch overall op de Felder veele Lüe, ganze Fomilien mit eer Kinner un ok Daglöhner tohoop an arbeiten.

De Arbeit weer nich jümmer licht, over in Gemeenschft hett se Spoß mokt. De Kaffeepausen an'n Feldrain op de Kortuffelsäcke mit Stutenbrot un Pottkoken wörn eensome Spitze, dorbi wor snötert, lacht un vortellt. Wer dat domols mitmoken kunn is riek beschenkt wesen.

Nun harrn wi Oktober, vor use Schüün stünnt de Sortiermoschien un de Kortuffeln rullen un kantappern over de enkelten

Siebe in vorschiedene Gröten in de Jutesäcke. Ik wessel mi mit Mama Alwine oder Oma Line af, wi dreihen over een Getriebe de Moschien von Hand. De Säcke mit de Eetkortuffeln worn je 1 Zentner op de Dezimalwaag afwogen un gliek op een Gummiwogen lood.

Gummiwogen so nennen wi use Ackerwogen, dor harr de Smitt Gerken an Bornriehe de groten holten Ackerräder afnohmen un ieserne Assen mit Gummiröder ünnerschroben von eenen »Opel Blitz« Lieferwogen. Dormit löpen de Wogen veel lieser un schüddelfree op dat Koppsteenploster un de Klinkerstroten.

Annern Dag, fröh an'n Morgen, spann Papa Hinnerk us beiden Peer an, min Swester Karla un ik klattern no boben op de Kortuffelsäcke, Papa seet vorne mit dat Leid in'ne Hann, snalz kort un segg: »Hüüh«.

So zuckeln wi op de Düwelsmoorstroot no Osterholt hen Dat wör eene sinnige Tour mit den proppenvullen Wogen, so no tweeunhalf Stunnen kömen wi an de Bördestroot bi Slachter Pankow an. Dor worn de meisten Säcke in'n Keller sleept, domols worn jo noch veel Kortuffeln eten, over de Slachtersfro mook ok noch veel Kortuffelsolot för eeren Loden.

Disse Utleverfohrten weern for us Kinner jümmer een Beleevnis un de Pankows wörn jo so fründliche nette Lüe, toon Schluss kregen wi jümmer eenen ganzen Ring Gekokte ut den hitten Mannelpott. Dor hebbt wi us al so richtig den Buuk mit vullslogen.

De restlichen Kortuffeln worn noch bi vorschiedene Fomilien in Schambeck in'n Keller drogen.

Twee Föör swatten Torf toon Hitten un een Föör witten Torf toon Rökern harr Papa al vor dree Weeken bi Pankows aflevert. So kööm denn in'n Harvst een Deel an Boorgeld in Papas Portmonee, dat weer meiste Tiet selten un knapp.

Satt, glücklich un tofreer kömen wi an'n Nomdag mit den leddigen Wogen woller op'n Hoff an.

De Peer kömen in'n Stall un kregen Woter un Hovern. De Wogen wor vor de Schüün woller mit Kortuffeln vullpackt. Papa harr annern Morgen noch eene Tour, ditmol over alleen.

Ik harr keen Tiet. Opa Jan wull mi non Scharmker Markt mitnehmen, dat geeft ok man bloos eenmol in'n Johr - son Beleevnis.

Morgens Klock 8 sind wi mit us Fohrröder op den schmalen Padd an de Klinkerstroten langföhrt. Dat weer nevelig un de Luft kölig-frisch, se röök moorerdig no Harvst.

Dör Pemmbuddel un den Knorrenbarg hoch gestrampelt kömen wi op'n Marktplatz bi de St. Willehadi Karken an un hebbt us Röder dor afstellt.

Dor weer jo eene bunte, luute un so ganz annere Welt, wi ik se op usen Hoff achtern in Düwelsmoor nich kennen deer. Op de Marktweid stünnen, so wiet ik kieken kunn, Keuh, Kalver, Quenen, Ossen, Peer, Ponys, Swien, Farken, Göös, Oonten, Höhner un Küken. Un wat dor sonst noch al an Deerten rumlööp, over dor wullen wi ik jo nich hanneln un wat köpen, Beester harrn wi sülvst genog.

Wi stünnen vorne an de Bude von den »Billigen Jacob« mit sine Melone op'n Kopp.

De snack un sabbel sin Publikum umto dumm un dämlich, se koffen emm alles af. Opa koff ok Neihtüüg for Oma, Plünnengummis un eenige blauwitte Böxendreger.

Bi Teichmeier hett Opa Smuttool un Schellfisch kofft, inwickelt in dick Zeitungspopier. Bratfisch in Brötchen hebbt wi eten - echt lecker! Achtern op de Weid stünnt een Lastwogen un bobenop een »Schreehals« von Mann de luuthals Bananen in de johlende Meute smeet. Wat for een Spektokel, »Banana-Dieter« de mook sin Geschäft.

Un dat röök un schnupper overall so lecker, bi Slachter Dohrmann geef dat noch lüttje Peerwust to eten - so lecker! An de Zuckerbude kömen de witten Rullen Honigkoken, Zuckerstangen, Bremer Kluten un Smoltkoken in de Tuten, alles för de Leeven tohuus.

An so eenen Dag wor ok mol inkofft un Geld utgeven, dat geef nich jeden Dat wat, de Tieten weern eenfacher un genügsomer.

Non Middag güng Opa noch mit mi dör de Karkenstroot in den Plünnenloden von »Mailand«. Hier koffen al de Lüe ut de Dörper umto eer Tüüg in. Nun weer ik an'ne Reeg, Opa koff mi eene Manchesterbox, een blaukariert Hemd un eene lüttje blaue Schippermutz, wat weer ik stolt, ik wör komplett utstaffiert.

Swor bepackt sind wi woller gemütlich no Düwelsmoor radelt. To Koffeetiet weern wi woller in'n Huus un sind got opnohmen worn mit al us Leckereen.

Dat weer een Dag no minen Smack - seitdem mach ik den Harvst jümmer so gern.

Melkkontrolle rund um Weyerbarg

Ik bin 1952 geborn un op usen Buernhoff an de lüttje Reeg in Dorp Düwelsmoor groot worn. Mit de swore Arbeit in'n Torfmoor, op Feldland, de Wischen, Weiden, in de Schüün, op de Deel un achtern in Kohstall bin ik so opwussen.

To de Tiet kunn eene Grootfomilie, also dree Generationen, von so eenen Hoff leven. Obwohl ok jümmer mehr recht un slecht, dat bore Geld fehl foken an al Ecken un Ennen.

Over wi sind torechtkomen, weil wi us to helpen wussen un ok allerhand jegenbi bedrefen hebbt. Min Opa Jan harr sien Torfschipp un seet in'n Sommer ok op Daak as Strohdachdecker. Min Vadder Hinni is in sien jungen Johr'n mit 2 Peer un eene Kortuffeldämpmoschin von Hoff to Hoff föhrt un hett Swienskortuffeln kokt. Uterdem weer he as Melkkontrolleur von de Molkeree Weyerbarg for de Höfe in Dorp Düwelsmoor tostännig.

Eenmol je Monat güng he reegrund von Hoff to Hoff un nöhm von jede Koh eene Melkproov mit de Pipette ut den Ammer. Morgens leever de Melkwogen in lüttje Holtkisten de Prooven bi de Molkeree an wo se in dat Labor op Fettgehalt ünnersocht un in Listen indrogen worn. So kunn de Melkleistung von jede Koh pro Monat un overt ganze Johr faststellt weern, dat wör for dat Herdbook un de Züchter ganz wichtig.

Uterdem mussen de Kalver mit Ohrmarken teekent un indrogen weern. Se weern jo de wertvolle Nozucht, de Borgeld inbringen kunnen.

Min Opa un Vadder harrn ok besonners gode Keuh un Quenen mit eere Kalver, dor weern se mit Recht ok stolt op un hegen un plegen se wie eern Oogappel, al de Deerten gehörn to us Fomilie.

So hebb ik dat ok kennenlehrt, de enkelte Koh, dat Muddertier un eere Kalver harrn eegene Nomen un Nummern, se weern Persönlichkeiten un harrn eern Platz an de Deel un in'n Stall.

Min Vadder Hinnerk kenn sick ut in sien Kontrollbezirk Düwelsmoor, he hett mi mol vertellt, dat he alle Nomen und Ohrmarkennummern von de ungefähr 320 Keuh mit eer Kalver un Quenen utwennig kennen där.

Dat hebb ik emm forns glöövt, bi Reken un Schrieven mok emm keener wat för.

So bin ik denn ok dorto komen, mi at Jungkerl dat Taschengeld to verdeenen, as Melkkontrolleur bi de Molkeree Weyerbarg un minen Boos Robert Prielipp in sien lüttje Labor. Toerst weer ik bloos op de

Höfe in Düwelsmoor mit min Fohrrad, de Leddertasch un den holten Provenkasten ünnerwegs. Den Kasten hett »Jan Fofftein« Wendelken mit sien Deutz-Trecker un Anhänger jümmer morgens no Weyerbarg mitnohmen.

1969 in'n Mai hebb ik denn in de Landw. Lehr- un Versööksanstalt in Echem bi Lüneborg no 4 Weeken Lehrgang mine Urkunnen kregen as geprüfter Kontrollassistent for Melkkontrolle. Mit 16 Johrn weer ik de Jüngste in Neddersassen.

Een leeven Kolleg ut St.-Jürgensland hett mi domols mit sienen witten VW-Käfer afholt un mitnohmen, ik harr jo jüst man minen Treckerführerschien. For so eenen lüttjen Bengel achtern ut Düwelsmoor weer dat wie eene Reis in eene annere Welt! Dor hebb ik veel Ne'es sehn un veel lehrnt.

An eenen sunnigen Sonndag hebb ik mit eenige Kollegen eenen langen Spaziergang mokt, wi hebbt us de grote Bosteern in Scharnebeck ankeken. To de Tiet is dor dat gewaltige Schippshevewark boet worn, dat antokieken weer een Beleevnis.

No minen Lehrgang wor ik bi de Molkeree fast anstellt un de Kontrollbezirk ok veel gröter, von Waakhusen bit no Heudorp. Alle Dörper rund um Weyerbarg, Düwelsmoor sowieso, de hören dorto.

Mit min Fohrrad kunn ik de wieten Strecken nich mehr schaffen, ik harr nu eene gebruukte Kreidler Florett, een Kleenkraftrad mit 5,2 PS. Dormit bin ik denn bi Nacht un Nevel, Regen un Wind, Snee un Glatties no de Buerhöfe, de Ställe oder op de Weiden düüst.

Jümmer ovends un morgens fröh to de Melketiet muss ik de Melkproven in de lüttjen Glasbuddels un den Holtkasten kriegen. So hebb ik at Jungkerl meist jedeen Buernhoff in'n Düwelsmoor rund um den Weyerbarg kennenlehrt. Un de Lüe mi, ik weer bekannt as een »Bunten Hund« mit min Moped.

In'n Sommer, bit toon Harvst, wörn de Keuh jo op de Weiden, de allerschönste Tiet, dor hebb ik ok jeden Weg kennenlehrt, egol wo dat ok hengüng!

Af 1970 bin ik denn mit minen VW-Käfer ünnerwegs weern, wat wör dat al een Luxus, de güng meist overall dör, wo een Trecker föhrn kunn dor kööm min Käfer ok hen. Sowatt kann sick in use hüütige Tiet keener mehr recht vorstellen, dat weer foken nich so eenfach over ok ganz foken eenfach schön!

Melk is jo düerer as klor Woter, op jeden Fall weer dat domols so. Dor bleef dat mennigmol ok nich ut, wenn de Melkkannen nich richtig voll werden wullen, se mit Woter optofüllen, sehn kannst dat nich furns, dorum worn jo ok de Prooven nohmen.

Dat Melkpantschen weer notürlich streng ünner Strofen stellt. So weer dat denn ok bi Heini-Buer komen, he harr een ganze tietlang dünne Melk anleevert un dor harrn se emm bi kregen. He muss vor dat Amtsgericht un kreeg eene deftige Stroof opgebrummt.

In'n Dorp snack sik dit Molleur gau rum. Annern Ovend heel loot klopp dat luut an Heinis Sloopstuvenfenster, to sehn wör nix! »Heini, stoh op. Dien beste Koh hett eene Runkelrööv in'n Hals!« Na sowatt, Heini suss in'ne lange Ünnerbox rut op de Deel non Stall. Over de fief Keuh legen still opt

Stroh un eerkauen. Heini fluch un güng argerlich woller to Bett.

Erst den annern Morgen, as de Swengelpump op den Hoff keen Woter smeet, un he denn eene grote Rööv dor rutklamüster, wuss he, wat de utverschomte Kerl meent harr.

Heimatfunk, de ne'e Kiekkasten, Schatzinsel un Fernweh!

In dat Johr 1964 hebbt wi achter us Buernhuus in'n Dorp Düwelsmoor eenen Keller utschacht, mit Torfmesser, Spoden un Plattschupp in swore Handarbeit. Dat wör jo al Torfbodden, op 3 Meter deep utgroovt un de letzten 2 Meter bit in den Sand mit anspitzte Lärkenpöhl inrammt, dor mit dat Müürwark fasten Stand harr.

Dor boen wi den Keller op un bovenrupp twee Sloopkomern un eene grote ne'e Wohnstuuv, alles massiv opmüürt. Eene ne'e Herdheizung, de Koks, Holt un Torf brennen döönt un ne'e Holtfenster von Discher Kück hölen us Huus nu warm. In de vorherigen kolen Winter harrn wi foken Ruuchriep an'ne Wannen un Iesblomen an de Fensterschieven. Nu weer dat warm un kommodiger, over dor fehl doch no wat to de Gemütlichkeit?

Bit dorhen harrn wi bloos us gode ole Röhrnradio von Loewe Opta to Ünnerhaltung un Norichten to hörn, de Wedderbericht weer besonners wichtig.

Disse Radiotiet mach ik over gornee missen, wat hebbt wi in'n Heimatfunk for wunnerbore plattdüütsche Hörspeele hört, Krimis mit »Dickie-Dick-Dickens«, Schlagerparade mit Heinz Günter Österreich un sunnovends Football in de ne'e Bundesliga, – »oh Mann, oh Mann!«

In'n Harvst 1966 kregen wi usen ersten swattwitten »Nordmende« Kiekkasten mit 3 Programme von Herwart Bock ut Hüttenbusch, de an'n glieken Nomdag ok de Antenne boben op usen Daakböön anboot harr, nu kunnen wi in us ne'e Stuuv sitten un kieken.

Opa harr dor erst jümmer jegen angrummelt, over no den »Etappenhosen« mit Willi Millowitsch, »Tratsch in'n Treppenhuus« mit Heidi un Henry un sunnovends mit sien Kumpel Hans Joachim »Kuli« Kulenkampf weer us Opa Jan vor den Kiekkasten nich mehr wegtokriegen.

Us Oma Line weer jümmer son beten bang dorbi un nöhm alle Filme un Bidräge dodernst, vor allem bi Mord- un Dodslag.

Wi hebbt jümmer to eer seggt: »Oma blief teesig, dat is bloos'n Film!« Se keek am leevsten Peter Alexander und Rudi Carell, dor harr se heel Spoß bi. So hebbt Olt un Jung in us Fomilie sik an de fremde Welt in den Kiekkasten gewennt.

In de 1960iger Johrn geef dat jo ok jümmer, meist tiets to Wiehnachten un »twischen de Johrn«, de Filme in 4 enkelte Deele, so toon Bispill de Schatzinsel, Tom un Huck von Mark Twain un de Ledderstrump.

De Week vor Wiehnachten 1966 harrn wi mit Mama un Oma an'n Kökenherd mit dat hitte Iesen twee grote Kummpe Waffeldeeg utbackt un gemeensom oprullt to Neejohrskoken un al to hoop in 4 grote Blickdosen boben op dat Kökenschapp stellt.

Disse Nomdag weer dat Beste to Wiehnachten. De Heiligovend wör dor, de Lichter un de Ogen strohlen in de gemütlich Wiehnachtsstuuv. So weer ok de erste Wiehnachtsdag mit lecker Middageten, no'n Kaffee un Kloven geeft wat Besonners in us Flimmerkiste, de 1. Folge von de Schatzinsel mit Michael Ande, de hebbt wi al tohoop ankeken.

An'n Morgen von den 2. Dag harr Mama mi al een Paket mit Krüllkoken, sülvst backten Kloven un eene frische runne Mettwurst inpackt for eere Swester in Beerdorp. Mine Tante Käte, Onkel »Schorsch«, min Cousin un de Cousinen wull ik mit Fohrrad besöken.

Dat Weer speel mit, et weer nich so kolt un drög wört ok. Ik bin losradelt, de Dorpstroot lang un over de Hammbrügg, dör Overhamm un Umbeck no Beerdorp.

Jegen Middag wör ik dor un bin mit groten »Hallo« begrüßt worn bi »Brases« in de Vorweid von Beerdorp. Op de annere

Strotensiet weer dat Ollernhuus von min Mama, den Hoff bedreef eer Broder Heini Grimm mit Tante Berta. Mit min Cousin Klaus bin ik no de Beiden rover ween un hebbt jemm »Frohe Wiehnachten un een good Neejohr wünscht.

Dor hebbt wi in'ne warme Stuuv seten un eenen Brotappel mit Zucker un Zimt eten, denn harr Tante Berta in'n Brotoven gor mokt. De Rest von Wiehnachten is bi Brases an de Vorweide in'ne Stuuv fiert worn, an'n groten Disch hebbt wi »Mensch arger die nee« speelt, bit alle hujohnen un hundsmöe to Bett kropen sind. For mi harrn se ok een warmet Bett un ik heff de Nacht fein slopen.

Noch lange in den annern Morgen, dat weer jo Sonndag. Non Middageten hebbt wi Adschüß seggt un ik bin woller no Düwelsmoor radelt. So'n beten Heimweh harr ik ok al kregen, man schall dat jo ok ne furns overdrieven mit de »Fernreisen!«

Dat »Fernweh« kööm over gau trüüch, an'n Nomdag tohuus in'ne Stuuv vorn Kiekkasten bi Folge twee von de Schatzinsel op dat tropische Eiland in dat Blockhuus bi de Piraten um den bösen arglistigen Hinkpoot John Silver.

Bit Neejohr hebbt wi de beiden letzten Folgen ok noch to sehn kregen. Disse mehrdeeligen Aventüerfilme ut de wiete un bunte Welt moken »Fernweh«.

Wintervergnögen, kole Been un natten Mors

Ik bin mol frogt worn: »Worum schriffst un vertellts du jümmer so gern von fröhere Tieten, leevst du nich jetzt, bis du denn von güstern?« Dat klung son beten as Vörholt.

Dor hebb ik overleggt: »Jo, ik bin von güstern, nu al 70 Johr, over sind wi nich al von güstern, jedereen hett doch sien Kinnertiet un de Erinnerungen doran.

Ik schriev miene gernop in de plattdüütsche Sprook, de schall no mennig Meenen jo ok von güstern ween. Dat is over nich so, de platte Sprook leevt un ik bin mit beide Been un mienen Kopp in'n Hier un Jetzt!

Um in us hüütige, mennigmol hektische, ungerechte, kopplose un hochtechnisierte Welt eenigermoten klor to komen un to verstoon, kiek ik gern mol trüch op mienen Anfang un wo ik herkomen bin.

Miene Kinner- un Schooltiet weer to hauptsook in de 1960er Johrn. Dat weer eene schöne Tiet, wi leeven in us Grotfomilie op usen lüttjen Buernhoff an'n Torfmoor in Dorp Düwelsmoor as op so een romantischet Eiland.

In ganz eenfache Verhältnisse, ohne Bodezimmer, Waschmoschin un Kiekkasten, wi mussen swor arbeiten, weern over jümmer in de free'e Natur.

De slechten Dinge vergitt man mit de Tiet, bi mi is over veel Godes in Erinnerung bleven, toon Bispill harrn wi domols noch richtige Winter. Morgens op den Weg no School leeg dicken Snee op den Sandweg an de lüttje Reeg, de weer middogs fastföhrt un nu eene harte Iesbohn toon Glirrsen un Rutschen mit Schoh un Sleern. Wi hebbt dor sogor Strietschoh op lopen. Over meisttiets op de Gröven un overswemmten Weiden.

So ok in Buer Schriefers Weid an de Klinkerstroot bi Martin Schoster. Wi rodeln mit us holten Sleerns de hoge Böschung hendol, overt Ies in'n Groven, op den groten Iesplacken in de Weid. »Juchhuu«, mit Swung, wat for een Spoß.

Nomdags vergnögen sik dor foken 20 bit 30 Deerns un Jungs ut'n Dörp, wi harrn even us eegene Speelplätze. Foken worn mit »Scheere, Steen, Popier« 2 Mannschaften utloost um Ieshockei to speelen. Mit ankrümmte Holtknüppel ut'n Busch un eene platte Blickdöös as »Puck«. De Tore weern jewiels twee lange Gummisteveln.

Ik lööp op holten Strietschoh mit Ledderriemen, de »Holländer«. Dit Speelen un Jachtern opt Ies weer us reine »Wintervergnögen«. Ik weer Torwart un muss den Puck twüschen de Steveln ruuthauen, een Slaag un he flög twars no Siet op den Moorgroven. Ik muss emm wollerholen un kööm op dat dünne witte Rotties, ok Windies nöömt. Dor weer dat Grovenwoter ünner weglopen no de Hamm hendol, un dat Rotties drög nix. Dat knister un bröök, ik seet mit beide Been bit an'n Mors in'n Moorwoter.

Wat for een Spoß, de ganze »Bande« kunn sik for Lachen utschütten. Mien Manchesterbox weer klitschnatt un glitzer in'n Frost.

Over nu no Huus lopen? «Nee - nee«, dat Spill muss to Enn speelt weern. Wi legen 3:1 in Front un hebbt ok wunnen. De Frost drögt jo ok, meen ik. De Sunn güng unner un ik bin usen Damm hoch no Huus pedd, lopen güng nich mehr. Miene Box weer hart as son Brett, ik dörfrorn, klapperig un sneterig toweeg.

In us warme Köken bin ik dor ruutklattert un heff mi dröchrubbelt, Mama un Oma hebbt schimpt as son Rohrspatz. Se harrn jo so recht! Vor usen groten Torfherd hebbt se eenen Stohl stellt un ik mi dorupsett.

Dit weer in'n Winter de beste Platz, dor wor um kämpft. Miene Been hebb ik in den warmen Brotoven steeken, at dat Blood woller zirkulier un de iesigen Been warm worn hebb ik blaart un huult, so hett dat kellt.

»Dat mutt dat ok«, meen Papa, de von'ne Deel mol even rinkeek. »Sülvst Schuld!«

In eer Innersten meenen he un de Annern dat over nicht so, se beduern mi doch son beten. Oma harr mi al eenen groten Beeker mit hitte Melk un Honnig to drinken geven.

Ut den Brotoven bin ik furns ünner de dicke Fedderdeeken in mien Bett kropen, mit eene kuschelige Warmkruken dorbi. De Nacht hebb ik sweet un fantasiert, an annern Morgen hett Mama mi nich no School schickt, ik weer krank.

Jümmer wenn ik domols krank weer, denn harr ik »dicke Manneln« un Fever. Dr. Bock ut Hüttenbusch kööm un ünnersoch mi. »Strenge Bettruhe«, wör sien Urdeel for mi.

Oma harr eere eegenen Huusmiddel, Lebbertron to Stärkung, eenen olen Wullstrump mit hittgekokte Kortuffeln um mienen Hals un gurgeln mit loowarm Soltwoter. »Bääh!« Entweder overleev man dat oder? Oder geef dat nich!

No 3 Nächte un Doog weer ik woller op'n Damm un seet in'ne Köken mit an'n

Disch. Hitte Melk, Swattbrot mit Schinken smecken got.

Annern Dag weer ik woller in’ne School. Us Schoolmester »Hannes« harr sik al wat overleggt, wie al so foken, wi droffen al eenen Opsatz schrieven mit den Titel: »Als ich einmal krank war.«

Mien Opsatz hett in de Klasse veel Heiterkeit utlöst, ik heff emm hüüte noch un mutt jümmer lachen, wenn ik dat nochmol lesen do. »Wat hebb ik domols bloos for eenen overkandidelten Blödsinn schreven.«